Janine Courtillon

Élaborer
un cours
de FLE

HACHETTE
Français langue étrangère

www.hachettefle.fr

Pour découvrir nos nouveautés,
consulter notre catalogue en ligne,
contacter nos diffuseurs, ou nous écrire,
rendez-vous sur Internet :

www.hachettefle.fr

Collection F
Titres parus ou à paraître

Nouvelle formule dirigée par Gérard Vigner

Elle s'adresse aux enseignants et aux formateurs de FLE. Elle se propose d'articuler pratiques de terrain et réflexion théorique en aidant les enseignants à faire face à la variété des situations d'enseignements et à la recherche de solutions pédagogiques.

Apprendre et enseigner avec le multimédia, N. Hirschprung
L'enseignement bilingue, J. Duverger
Le Français sur objectif spécifique, J.-M. Mangiante et Ch. Parpette
Élaborer un cours de FLE, J. Courtillon
L'évaluation en FLE, C. Veltcheff, S. Hilton
La grammaire en FLE, G. Vigner
Certifications et outils d'évaluation en FLE, F. Noël-Jothy et B. Sampsonis

Pratiques de classe

Elle s'adresse aux professeurs et aux formateurs de FLE, débutants ou confirmés. Elle présente sous forme pratique des propositions de démarches et des activités qui sont le résultat de l'expérience d'acteurs du champ du FLE.

Techniques dramatiques, A. Cormanski
De la vidéo à Internet : 80 activités thématiques, T. Lancien
Exercices systématiques de prononciation française (nouvelle édition), M. Léon
Photos-Expressions, F. Yaiche
Jouer, communiquer et apprendre, F. Weiss
La prononciation du français, B. Lauret

Et toujours disponibles dans la collection F
Séries F, *Références* et *Autoformation*

Les Dimensions culturelles des enseignements de langue, J.-Cl. Beacco
La Traduction aujourd'hui, M. Lederer
Les Activités d'apprentissage en classe de langue, M. Pendanx

Conception graphique et couverture : Amarante

Réalisation : MÉDIAMAX

Secrétariat d'édition : Catherine de Bernis

ISBN 978-2-01-155214-3
© Hachette Livre 2003, 43 quai de Grenelle, 75905 Paris cedex 15

SOMMAIRE

INTRODUCTION

L'idée de former l'enseignant à élaborer un cours de langue peut paraître surprenante à une époque où le marché regorge de produits d'enseignement : manuels de langue, cahiers d'exercices divers, outils multimédias sophistiqués, exploitation de l'Internet, etc.

S'il existe une telle demande de la part des enseignants, il faut en chercher les raisons. J'en propose deux, déduites de l'observation sur le terrain et de la lecture des préfaces des manuels qui reflètent justement les préoccupations des enseignants.

La première raison pourrait être la suivante : la meilleure formation des enseignants à des techniques nouvelles et à la multiplicité des outils qui leur sont offerts à un rythme accéléré peut à la fois les rendre plus exigeants, mais aussi plus perplexes. Comment utiliser au mieux tout ce qui existe ? Comment faire le bon choix ? Un manuel choisi en fonction de certains critères de qualité répondra-t-il nécessairement aux besoins d'un contexte donné ? Peut-on l'adapter ? Et comment ?

La seconde raison – qui est liée à la première – ne se trouve-t-elle pas dans le discours didactique ambiant, tendant à recommander l'éclectisme – conçu par beaucoup d'enseignants comme l'utilisation d'une grande diversité de moyens – et contribuant ainsi à dévaloriser la notion de méthode ? Il faut reconnaître que, dans le passé, la **méthode** a parfois été incarnée dans des **méthodologies** rigoureuses, pouvant avoir un aspect monolithique. Mais refuser une méthodologie rigoureuse et en même temps abandonner la notion de méthode ne mène à rien. La méfiance vis-à-vis de la **méthode** ne peut que renforcer la perplexité de l'enseignant qui se retrouve sans fil conducteur pour le guider dans l'organisation des activités de son cours.

Car c'est bien là que réside la nécessité d'avoir une méthode : elle permet de comprendre d'où l'on part et où l'on arrive, et de suivre un certain chemin plutôt que de vagabonder au risque de revenir sur ses pas.

Quelques remarques, prises au hasard, mais récurrentes dans les préfaces des manuels, révèlent des demandes opposées, sans liens entre elles :
- « Prendre en compte les difficultés par un ensemble très structuré et une démarche très progressive » ;
- « Une vraie méthode pour débutants » ;
- « Une progression grammaticale rigoureuse et solide » ;
- « Une démarche notionnelle-fonctionnelle, pour développer une réelle compétence de communication » ;
- « La maîtrise de savoir-faire permettant de faire face à des situations de communication variées ».

Il est évident que la maîtrise de la structure et celle de la communication concourent à définir la compétence, mais avoir une méthode, ce n'est pas les considérer comme des objectifs juxtaposés et les enseigner séparément, c'est trouver le moyen de les intégrer et d'enseigner la pratique de la structure à travers la pratique de la communication. Il suffit de peu de changements pour intégrer les objectifs, mais il faut le vouloir et s'en donner les moyens. C'est pourquoi la méthode demeure indispensable. Mais que faut-il entendre par méthode ? Essentiellement un outil adapté aux buts poursuivis. Dans le domaine de l'apprentissage des langues, il faut évidemment avoir une conception de l'objet d'apprentissage, c'est-à-dire de la langue, et une conception de la façon de l'apprendre pour forger cet outil.

Une conception de la langue

La conception de la langue a évolué au cours du xxᵉ siècle. Pendant les années 1950, la pensée portant sur la langue a été une pensée de type structural : la langue se définissait comme un ensemble de structures dont il faut connaître les règles de combinaison pour pouvoir l'utiliser. On a donc enseigné majoritairement la structure.

Un changement radical de pensée a séparé cette période de celle dans laquelle nous vivons actuellement. À partir des années 1970, la pensée sur la langue a été orientée par le concept de communication : la langue sert à transmettre des messages, donc à exprimer des intentions de communication à des partenaires avec lesquels on se trouve en interaction, d'où l'importance du choix de la forme linguistique qui doit être adaptée au message et à l'interlocuteur. C'est la théorie des **actes de parole**. Utiliser la langue, ce n'est pas seulement manipuler des structures, c'est aussi véhiculer des sens conformes à l'intention de communication et adaptés linguistiquement à la situation de communication dans laquelle on se trouve.

Enseigner une langue définie ainsi peut paraître une tâche complexe – il n'en est rien. Le changement de base qu'implique cette définition de la langue se résume dans l'idée suivante : le fait d'être plongé d'emblée dans une communication, même très réduite, est le principal moteur d'acquisition de la langue, c'est-à-dire que la structure s'apprend par la communication, et non avant elle. Cela suppose d'adopter une technique de base relativement simple que nous décrirons tout au long de cet ouvrage. Nous montrerons que chaque aspect de l'apprentissage (comprendre – mémoriser – se corriger) peut se faire en interaction, d'une part, entre les élèves et le professeur et, d'autre part, entre les élèves eux-mêmes et non à travers des exercices rigoureux et contraignants. Cet apprentissage est plus efficace parce qu'il correspond au penchant naturel de l'être humain qui apprend à parler en communiquant et non en lisant des livres de grammaire.

Certains penseront que si l'on apprend en communiquant, on négligera la structure et on ne saura jamais parler correctement. D'où la demande d'une « progression rigoureuse », d'un « ensemble très structuré ». Cette demande révèle une angoisse ou une peur de l'erreur ou de la « faute », et indique surtout qu'on ne prend pas en compte le **temps** de maturation nécessaire à l'intégration d'une structure. On ne peut s'exprimer correctement en début d'apprentissage, mais plus on s'exprime, moins on fait d'erreurs, si une technique d'autocorrection a été mise en place.

En résumé, le changement fondamental qu'a apporté l'approche communicative de la langue (A. C.) doit se penser à travers la formule « apprendre la structure en communiquant et non apprendre la structure avant de communiquer ».

Le pourquoi et le comment de cette démarche nous conduisent à envisager la conception de l'apprentissage en tenant compte des recherches actuellement menées en neurosciences.

Une conception de l'apprentissage

Tout enseignant a une conception plus ou moins implicite de l'apprentissage, qu'il s'est forgée par son expérience, la formation qu'il a reçue, ses lectures et ses rencontres pédagogiques. En général, on évolue au cours d'une carrière, le monde pédagogique évolue, on se recycle, on « bouge », mais sait-on toujours pourquoi et sur quoi est fondée cette évolution ? Si l'on veut se forger une idée valide de la manière dont on apprend une langue, il faut pouvoir être informé des recherches faites en psychologie de l'apprentissage.

Pour l'instant, le domaine scientifique de la psychologie de l'apprentissage semble réservé aux spécialistes (enseignants chercheurs, auteurs de méthodes et didacticiens). Si la linguistique et partiellement la sociologie ont pénétré le champ de la didactique et ont été considérées comme objets de formation dans des stages, il n'en est pas de même de la psychologie de l'apprentissage qui, à de rares exceptions près, n'est pas au programme des stages de formation.

Il ne faut pas confondre la psychologie de l'apprentissage et la psycholinguistique. Celle-ci a pour objet des recherches très ponctuelles sur des microdomaines d'acquisition linguistique, parfois très pointus, tels que l'acquisition d'un phonème ou d'un morphème. En revanche, la psychologie de l'apprentissage et les neurosciences apportent des observations sur les processus cognitifs de base qui sont à l'œuvre quand on apprend un savoir ou un savoir-faire en général, ou lorsque se développe l'intelligence chez l'enfant (*cf.* les travaux de Piaget, Vigotsky, Bruner, Varela pour ne citer que les plus connus).

À une époque où l'information circule en abondance et rapidement, il devient souhaitable que les enseignants aient accès non seulement aux innovations pédagogiques, telles qu'elles ont été pensées par des spécialistes, mais aussi aux sources et aux fondements qui les ont rendues possibles. Un recours, non pas à la théorie en soi, mais aux découvertes issues de recherches fondées sur des hypothèses, comme le sont toutes les recherches, peut permettre d'expliquer, de renforcer ou de nuancer ses propres conceptions pédagogiques. Cela constitue pour l'enseignant une étape réflexive, propice à faire le point sur le bien-fondé de ses pratiques.

C'est dans cet esprit que cet ouvrage a été conçu. Grâce à un va-et-vient entre l'observation de pratiques qui à la fois apportent des résultats et motivent les apprenants. Par la prise en compte des recherches en psychologie de l'apprentissage, on peut se forger une démarche raisonnée où l'enseignement devient un engagement motivant dans la problématique de l'apprentissage et non la simple application d'idées ou de principes issus de la formation reçue.

Concrètement, cela revient à comprendre l'utilité de telles pratiques, pourquoi on l'utilise à tel moment, et à observer comment les apprenants la reçoivent, bref à enseigner en connaissance de cause.

Se constituer une méthode

Lorsqu'on parle d'enseignement des langues, on évoque souvent le problème de formation, en distinguant les enseignants qui ont reçu une bonne formation et ceux qui ont une formation insuffisante. Il faudrait aller plus loin et admettre que les enseignants peuvent se former continuellement en opérant des choix raisonnés parmi les activités pédagogiques proposées dans les méthodes ou initiées par eux-mêmes, en observant les résultats, en élaborant en quelque sorte leur propre « recherche-action[1] », c'est-à-dire en se constituant petit à petit leur propre méthode.

Quels sont les fils conducteurs permettant d'opérer des « choix raisonnés » ?

❶ Le premier concerne la **définition de la langue**. En effet, la représentation qu'on a de la langue influence profondément son enseignement : l'on considère avant tout qu'elle est un ensemble de structures à acquérir, ou bien un instrument de communication. Dans le premier cas, l'importance sera donnée à la forme, c'est-à-dire à la grammaire et à la correction des erreurs. Dans le second cas, l'accent sera mis sur le sens, la situation de communication et la motivation de l'élève à prendre la parole. On cherchera donc des techniques qui le permettent, alors que dans le premier cas, on privilégiera plutôt les exercices linguistiques.

De même, si l'on est conscient que l'on doit enseigner des savoir-faire communicatifs et non des savoirs purement linguistiques, on privilégiera les notions de **discours** et d'**acte de parole** ainsi que ce qu'ils impliquent.

Ce premier fil conducteur constitué d'apports de la linguistique pragmatique et de la sémantique permet de mieux orienter les choix pédagogiques en privilégiant le sens et non la forme, ce qui est primordial lorsqu'on veut enseigner à communiquer.

❷ Le second fil conducteur est la **prise en considération des efforts cognitifs** que l'apprenant doit déployer pour acquérir une nouvelle langue : s'agit-il d'une langue très différente (langue lointaine) ou d'une langue voisine ? Dans chacun des cas, comment faciliter la compréhension d'un texte, celle de la grammaire ? Comment assurer la **mémorisation** des différents éléments de la langue : lexique, morphologie, syntaxe ? Sont-ils mieux mémorisés à travers des exercices ou à travers des pratiques semi-libres ou dirigées ? Comment **évaluer** l'acquisition de chacun de ces éléments ?

---

1. En s'inspirant de la pratique de la « recherche-action », telle qu'elle a été définie dans l'ouvrage *Parcours et procédures de formation des enseignants*, De Boeck Université, 2003, par M.-J. de Vriendt et J. Courtillon, on peut donner les grandes lignes d'une conduite de recherche en classe :
    – se donner un objectif fondé sur une hypothèse permettant de comparer deux modes d'acquisition : par exemple, apprendre la grammaire à travers des exercices déductifs (imitation d'un modèle et application) ou à travers une méthode inductive suivie d'autocorrection ;
    – évaluer les résultats et en tirer des conclusions.

Ces questions et bien d'autres ont trait à la manière d'apprendre liée à la fois à l'individu et à la distance linguistique et culturelle qui sépare la « langue culture » maternelle de la « langue culture » cible.

Cette distance cognitive constitue le fil conducteur qui permet d'opérer des choix après analyse de la situation de classe, pratique d'exercices adaptés et vérification de leur efficacité.

En résumé – et c'est la démarche proposée dans cet ouvrage –, avoir une méthode suppose avant tout que, dans une situation de classe donnée, on sache se poser les bonnes questions et y trouver des réponses adaptées.

La démarche qui vient d'être dessinée à grands traits sera exposée dans les différents chapitres de cet ouvrage. Se constituer une méthode suppose que l'on puisse analyser les besoins des apprenants, leurs caractéristiques socioculturelles, le chemin qu'ils ont à parcourir pour passer de leur langue maternelle (L. M.) à la langue cible (L. C.), c'est-à-dire ce qui constitue les **variables de la situation d'enseignement**. Cela suppose ensuite qu'on ait une vision claire du **parcours d'apprentissage** qu'implique l'acquisition d'un nouveau moyen linguistique de communication, et qu'on sache en **évaluer les résultats**. Il faut donc savoir utiliser de manière à la fois active et critique les différents moyens pédagogiques qui existent afin de réaliser au mieux le parcours en l'adaptant aux contextes particuliers des classes.

Le parcours décrit doit être explicité et mis en œuvre surtout lorsqu'on a affaire à des débutants, au sens large du terme (jusqu'à 200 ou 250 heures d'apprentissage), ce qu'on appelle traditionnellement le niveau 1. La poursuite de l'apprentissage à des niveaux de plus en plus avancés s'apparente davantage à l'apprentissage qu'on peut poursuivre en langue maternelle pour obtenir une compétence linguistique et communicative de niveau avancé. Les phénomènes cognitifs ne sont pas du même ordre : il ne s'agit plus tant de **perception-découverte** d'un nouveau code que de **maîtrise** de ce code et d'approfondissement de capacités intellectuelles verbales. Le chapitre sur les niveaux avancés étudiera ce type d'apprentissage.

Enfin, on traitera à part quelques aspects méthodologiques qui font souvent l'objet de questions de la part des enseignants : enseigner la grammaire, faire parler les élèves, gérer les grands groupes, etc.

Il est évident que toutes les réponses ne peuvent se trouver dans les manuels de langue, ni dans aucun ouvrage. La recherche apporte des outils orientés vers un avenir qui est nécessairement en évolution. Les méthodes que proposent les manuels s'adressent à un large public et ne peuvent intégrer qu'avec un certain retard ce qui fait l'objet des recherches universitaires. Se former, c'est tenter de tirer le meilleur parti de ce qui existe.

LES VARIABLES DANS LA SITUATION D'ENSEIGNEMENT

Si une méthode, ou une méthodologie, peut être raisonnée, et donc recommandée pour sa plus grande efficacité, il n'en reste pas moins que chaque situation d'enseignement comporte des variables : enseignement à des enfants ou à des adultes, enseignement en fonction de besoins particuliers ou généraux, non précisés, enseignement dans un contexte linguistique et culturel très défini. Toutes ces situations d'enseignement exigent, bien entendu, une adaptation de la méthode dont il faut être conscient.

On peut considérer que trois grandes variables rendent nécessaire l'adaptation :

❶ La nature du public, ses caractéristiques ;
❷ Les objectifs de l'apprentissage, souvent ambigus ;
❸ Le rapport entre la langue maternelle (L. M.) et la langue cible (L. C.), proche ou lointain.

Ces trois aspects seront abordés séparément. Ils ne seront pas traités de manière exhaustive dans le but de fournir une information complète, mais dans la mesure où leur prise en compte détermine des choix méthodologiques importants. Par exemple, l'enseignement à un public « captif », peu conscient de ses motifs d'apprentissage (les élèves de sixième d'un collège français), devrait avant tout être orienté par la nécessité de motiver les élèves. Tandis que le public d'une classe terminale de lycée, où l'objectif est l'examen, peut être considéré comme « non-captif », à condition toutefois que cet examen soit noté avec un coefficient suffisant pour motiver les élèves à étudier.

Une autre variable a une influence profonde sur l'acquisition : le caractère voisin ou éloigné de la L. M. et de la L. C. S'il n'est pas pris en compte au niveau des débutants, il peut conduire l'enseignement à une impasse, en retardant indéfiniment l'acquisition satisfaisante de la langue (c'est le cas des langues lointaines) ou en démotivant l'apprenant d'une langue voisine qui ne peut étudier avant plusieurs années des textes d'une certaine complexité, alors qu'ils lui seraient accessibles très tôt. Le point de départ de l'apprentissage d'une L. E. n'est pas le même selon qu'il s'agit d'une langue voisine ou d'une langue lointaine.

1. Les caractéristiques du public

Afin de tenir compte de la diversité des publics tout en demeurant « opérationnel », c'est-à-dire sans s'enliser dans des différenciations peu ou non pertinentes, on ne s'intéressera qu'aux critères suivants :
1 L'âge ;
2 La situation volontaire ou involontaire d'apprentissage (public « captif » ou « non captif ») ;
3 L'arrière-plan culturel.

1.1. L'âge

L'enfance est l'âge privilégié pour l'apprentissage d'une langue étrangère. Michèle Garabédian, auteur de l'ensemble pédagogique *Les Petits Lascars* (Didier, 1986), nous en donne les raisons : « Claude Hagège, écrit-elle, évoque les blocages de l'adulte et les grâces de l'enfant lorsqu'il parle d'apprentissage "précoce" des langues et des aptitudes des jeunes enfants dans ce domaine de perception de la parole. Les recherches récentes en psycholinguistique et en psychologie du développement de l'enfant mettent en évidence les capacités perceptives précoces du très jeune enfant [...], ce qui conduit certains chercheurs à penser que les enfants ont une "capacité universelle" leur permettant de discriminer tout type de contraste phonétique de toute langue naturelle [...]. Au fur et à mesure du développement, la structuration des langues va se faire

à partir de l'organisation du système de référence, celui de la première langue, et les capacités précoces vont progressivement disparaître. »
Les autres paramètres propres à l'enfant et facilitant l'apprentissage d'une langue sont, poursuit M. Garabédian, le **besoin de communiquer,** l'**environnement socio-affectif** et l'**absence de blocage cognitif** et d'**inhibition.**
Ces facultés, à de rares exceptions près, n'existent plus chez l'adulte, du moins au même niveau. D'où l'impérieuse nécessité de réfléchir à tout ce qui peut faciliter l'apprentissage chez l'adulte, d'observer comment l'apprenant passe d'un niveau de compétence à un autre. Dire que « toutes les méthodes se valent » signifie en fait négliger l'apprenant. Au contraire, essayer de comprendre ce dont il a besoin pour progresser et pour aimer faire ce qu'il fait en apprenant conduit à prendre en compte l'intérêt d'avoir une « méthode », c'est-à-dire de choisir des modes d'enseignement répondant à des besoins réels de l'apprenant. En effet, les besoins ressentis ne correspondent pas toujours aux besoins réels. Par exemple, ce n'est pas en accumulant des exercices de grammaire qu'on apprend à parler : on peut le constater tous les jours.
Répondre aux besoins réels de l'apprenant adulte en utilisant, après en avoir constaté l'efficacité, les moyens les plus adéquats revient en fait à faciliter l'apprentissage. Satisfaire à cette exigence signifie être attentif aux besoins concernant la **perception** (avoir des hypothèses fortes pour la faciliter), la **mémorisation** (tout faire pour la mettre en œuvre) et la **production** (lever les inhibitions).
Enseigner une langue à des enfants, c'est respecter les spécificités de leur apprentissage, profiter en quelque sorte des « grâces » dont ils disposent, tandis que l'enseigner à des adultes oblige à rechercher les moyens les plus « facilitateurs », moyens qui ne peuvent être jugés qu'en fonction de leurs résultats et non a priori. Cela exige de l'enseignant une attitude pragmatique, un esprit d'exploration de la méthode utilisée.

1.2. La situation volontaire ou involontaire d'apprentissage

On désigne généralement par captifs les publics qui sont « prisonniers » d'une institution dans laquelle ils sont placés obligatoirement pour apprendre. Le public non-captif est en situation d'apprentissage de par sa propre volonté, du moins peut-on l'espérer. Mais il peut aussi se sentir captif si la méthode ne lui convient pas. Le public captif n'a pas le choix : un enfant de moins de 16 ans est obligé d'apprendre une langue à l'école, à moins – cas rarissime – que ses parents ne la lui enseignent à la maison, ce qui implique d'ailleurs aussi un certain degré de « captivité ».

On mesure la différence qu'il peut y avoir *a priori* entre une personne qui choisit un enseignement et celle à qui on l'impose. Ce qui n'exclut pas que des élèves, doués en langues, soient ravis d'apprendre à l'école une langue qu'ils n'ont pas forcément choisie, ni que des adultes qui ont obligatoirement choisi un cours s'y sentent captifs parce qu'ils n'y trouvent pas les résultats escomptés. Mais eux peuvent abandonner le cours.

Enseigner à des apprenants « captifs »

Quelles que soient les raisons du sentiment de « captivité » éprouvé par les apprenants, il semble bien que le grand défi auquel se trouvent confrontés les enseignants est celui de la motivation. Certains croient qu'elle est inhérente à l'apprenant et qu'il n'y a rien à faire. C'est un jugement beaucoup trop hâtif. La motivation peut se créer en cours d'apprentissage. Mais cela exige parfois quelques remises en question.

Les facteurs qui créent la motivation sont :

– l'**intérêt** du travail, sa nouveauté, la conscience qu'on est en train d'apprendre une nouvelle culture, des informations différentes et non de « nouvelles structures » ; le sentiment d'être plongé dans un autre monde devrait primer sur celui de l'effort à faire pour apprendre la grammaire ;

– l'**activité** qu'on peut déployer en classe, grâce à laquelle on ne voit pas le temps passer ;

– le **sentiment de progresser**, d'obtenir des résultats.

Chacun peut être plus ou moins sensible à ces aspects de la classe de langue. C'est pourquoi ils devraient être tous présents.

L'**intérêt** dépend des textes (oraux et écrits) abordés. Il faut donc les négocier dans une certaine mesure (le sujet ou le thème) et s'efforcer de ne pas présenter de textes neutres, c'est-à-dire dont les significations culturelles sont très peu marquées, des textes « passe-partout » (apportant le même type d'information dans toutes les cultures : l'hôpital, le travail de bureau). Ces textes devraient permettre aux étudiants de découvrir les aspects culturels qu'ils contiennent. Ils ne devraient être ni trop difficiles ni trop longs, pour que l'attention ne soit pas exagérément captée par la forme ou la grammaire, au détriment du contenu.

Certains s'inquiéteront de ce qui peut apparaître comme un « vouloir ignorer la grammaire ». Il ne s'agit pas de cela. Il s'agit de la placer au service de la communication et non l'inverse. Croire qu'on peut **apprendre** la grammaire à part, comme une entité détachée du discours, est une erreur. La grammaire ne **s'acquiert** qu'à travers la pratique du discours. Il y a là une occasion de motiver les étudiants qui ne voient pas l'intérêt de la grammaire en soi, mais qui le comprennent lorsqu'ils se rendent compte, grâce à une méthodologie appropriée, comment ils peuvent l'acquérir d'une manière très active, vivante, tout en communiquant (*cf. chapitre 3*).

Choisir des textes qui motivent les étudiants peut très bien se concilier avec des progressions fonctionnelles. Nous en discuterons aux *chapitres 2 et 4*.

Si des textes sont choisis en tant que descriptions ou narrations, ou toute autre grande fonction du langage, cela permet aux étudiants d'y découvrir la grammaire d'une manière rationnelle. Pour décrire un objet, ils reconnaîtront et s'approprieront dans ces textes tous les moyens grammaticaux de description : l'adjectif, le complément de nom, le participe passé, des formes verbales et une syntaxe appropriée. Et tous ces éléments seront perçus et appris dans leur fonction, à l'intérieur du discours, de préférence de qualité. Ces découvertes grammaticales seront donc beaucoup plus efficaces que si elles avaient été enseignées à travers des exemples de phrases hors discours qui constituent l'essentiel des exercices grammaticaux tant prisés.

L'**activité** en classe dépend naturellement de la méthode choisie. Plus elle est directive et guidée, moins l'étudiant s'implique. Mais il y a différents types de directivité. On peut être directif sur les procédures, mais non sur les contenus. On se reportera au *chapitre 3* pour une discussion de la méthode.

Le **sentiment de progresser** est lié d'une part à la méthode employée où l'élève a de nombreuses occasions de comprendre, parler, se corriger et constater intuitivement des progrès et, d'autre part, aux évaluations périodiques qu'on pourra lui proposer et qui ne devront pas porter seulement sur ses connaissances en langue mais également sur ses capacités ou son savoir-faire (*cf. 2.3. Penser l'évaluation*).

On le sait, le mode d'évaluation a une importance majeure pour la détermination des contenus d'enseignement. On enseigne en pensant plus ou moins consciemment au mode d'évaluation que subiront les élèves. Nous sommes donc confrontés au problème suivant : les évaluations classiques ne correspondent pas aux motivations profondes d'un grand nombre d'apprenants de langue qui se trouvent captifs sans le savoir. Mais les contenus d'enseignement doivent être conformes aux évaluations attendues. Les élèves les moins motivés par le besoin d'acquérir des connaissances solides en langue abandonnent, faute de trouver une réponse à leurs demandes. On incrimine les conditions économiques, mais que fait-on pour faciliter l'amorce de l'apprentissage d'une ou deux langues de culture internationale autres que l'anglais, apprentissage qui serait davantage centré sur les valeurs culturelles que sur la langue ? Quand les attentes d'un apprenant ne sont pas très précises, ce qui est le cas pour une partie importante des publics adultes, on ne se maintient en classe que si on y trouve plaisir ou intérêt, selon son tempérament. Or tout se joue au niveau des débutants.

Il me semble que cette réalité de bons sens n'est pas prise en compte. Penser à l'apprenant plutôt qu'au programme, se tourner vers lui pour savoir ce qu'il attend, plutôt que justifier les choix de l'institution... ne serait-ce pas la conduite à adopter pour résoudre le difficile problème de la motivation ? On se reportera au *chapitre 1, 2. Les objectifs, attentes et besoins* pour y trouver quelques suggestions.

Enseigner à des apprenants « non-captifs »

Il paraît inutile de développer longuement le thème concernant l'enseignement à des apprenants en situation volontaire d'apprentissage, venant dans un but précis, professionnel. C'est en effet dans ce cas que les demandes sont en général le mieux satisfaites. La règle d'or étant, après une analyse sérieuse des besoins, de fournir les moyens linguistiques adaptés aux situations de communication où la langue sera exercée, d'utiliser une pédagogie essentiellement fondée sur les savoir-faire à acquérir et d'évaluer les résultats à l'aide d'instruments conformes aux compétences recherchées.

Il n'est cependant pas inutile de rappeler que la simple satisfaction d'une demande strictement professionnelle n'est sans doute pas suffisante pour assurer le bon fonctionnement d'une classe de langue : l'apprentissage ne dépend pas uniquement d'activités intellectuelles, il dépend aussi de l'affectivité. Le rôle important que joue l'affectivité dans l'apprentissage est reconnu depuis longtemps. Aujourd'hui, les chercheurs en neurosciences ont mis en évidence la zone cervicale où ce processus est inscrit : le cerveau limbique, siège des émotions et de l'appartenance au groupe. Or les informations que perçoit l'apprenant passent d'abord par le cerveau limbique avant d'arriver au néocortex. C'est pourquoi, si ce cerveau est sollicité à travers des activités de groupe impliquant la personne dans sa globalité (ses intérêts – ses émotions – son plaisir), une meilleure perception et rétention de l'information sont assurées, ce qui facilite l'apprentissage.

1.3. L'arrière-plan culturel

Nous utiliserons ici le terme « culturel » dans son acception anthropologique banale, c'est-à-dire : qui a trait aux comportements et modes de pensée (représentations) hérités de la société dans laquelle on vit.

N'étant pas du tout spécialiste de la question, je me contenterai de commenter ce qui, à mes yeux, est important pour l'apprentissage parmi ces comportements et représentations, et de suggérer des options progressives, laissées à l'initiative des enseignants leur permettant de passer d'une situation moins favorable à une situation qui serait propice à l'apprentissage.

Il me semble que les deux aspects ayant les incidences les plus importantes sur l'apprentissage et qui peuvent se retrouver à des degrés divers dans toutes les sociétés sont les suivants :

❶ la **relation enseignant-enseigné**, parce qu'elle conditionne la pédagogie ;

❷ la **représentation de ce qu'est l'apprentissage d'une langue,** parce qu'elle conditionne les techniques de classe et privilégie certains exercices.

La relation enseignant-enseigné

La relation enseignant-enseigné est sans doute l'aspect fondamental, celui qui conditionne l'attitude des partenaires de la classe. Elle peut se caractériser par deux attitudes extrêmes à l'intérieur desquelles se situe une zone intermédiaire comportant des degrés :

– la soumission de l'apprenant au maître ;
– la participation de l'apprenant à son apprentissage.

La soumission suppose l'effacement de l'individu qui ne peut avoir d'initiative. Sa fonction est d'être attentif, d'obéir et de répondre au maître.

La situation intermédiaire, la plus courante en Europe, est celle où l'apprenant existe théoriquement comme individu. Mais le rôle du maître étant de fournir l'information, l'initiative de l'individu n'est pas toujours bien tolérée. Sa situation en classe est beaucoup plus passive que celle du maître, ce qui entraîne des comportements de mauvaise volonté, de désintérêt qui expriment une sorte de rébellion contre l'impossibilité d'agir qui caractérise cette situation d'enseignement. C'est pourquoi l'autre attitude extrême, celle de participation, est souhaitable car elle canalise les volontés de rébellion. Le rôle du maître est celui d'aide à l'apprentissage.

• Les pensées ou principes qui révèlent l'**attitude de soumission** :
   – *Le maître est là pour m'enseigner la langue.*
   – *Je ne peux rien comprendre de ce texte puisque je ne l'ai pas encore étudié.*
   – *Je ne connais pas la règle, le maître ne l'a pas encore expliquée.*
   – *Je dois faire le moins de fautes possible, le maître n'aime pas ça.*
   – *Plus je serai attentif, mieux je réussirai.*

• Les pensées qui révèlent l'**attitude de participation** :
   – *Le maître va m'aider.*
   – *Je vais voir ce que je peux comprendre de ce texte.*
   – *Je vais essayer de deviner ce que je ne comprends pas.*
   – *Plus tard, je comprendrai mieux.*

– Il y a des règles qu'on peut trouver facilement en observant les phrases.

– On peut aussi en discuter avec les camarades.

– Si je fais des fautes, ce n'est pas grave, petit à petit je me corrigerai.

Ces deux types d'attitudes opposées ne sont pas immuables. On peut passer de la soumission à un certain degré de participation. Mais l'inverse est vrai aussi. Cela dépendra des conduites de classe qui seront tolérées ou instaurées.

Il faut d'abord s'intéresser aux marques de l'initiative. La série des comportements spontanés suivants est classée en fonction des degrés d'initiative, du degré le plus faible au plus fort :

1. (lever la main) pour répondre au maître ;
2. (lever la main) pour dire qu'on n'a pas compris ;
3. (lever la main) pour demander si une phrase est correcte ;
4. (lever la main) pour apporter une réflexion personnelle *(j'aime ou je n'aime pas, je pense que...)* ;
5. faire une suggestion *(est-ce qu'on pourrait relire / réécouter / faire tel type d'exercice ?...)* ;
6. poser une question à un autre élève, faire un commentaire ;
7. dire ce qu'on a compris d'un texte, raconter ce qui est arrivé, donner un point de vue.

Selon les situations (grands ou petits groupes), on peut ou non lever la main.

L'ensemble de cette série de comportements est habituel dans les situations de participation. Un professeur qui enseigne dans un autre contexte peut décider quels comportements le climat de sa classe permet. S'il s'en tient habituellement aux comportements 1, 2 et 3, il peut tenter de voir jusqu'où il peut aller sans compromettre ce climat. Pour obtenir le comportement 4, il peut l'avoir sollicité au préalable : « Vous direz ce que, dans cet exercice ou ce texte, vous aimez, ou vous n'aimez pas, ce que vous en pensez. » Il peut demander aux étudiants quel type d'exercice ils préfèrent et pourquoi. Il peut graduellement introduire un certain degré d'initiative, à moindres frais, c'est-à-dire sans risquer d'enfreindre les règles de l'établissement. Même la participation peut être programmée.

La représentation de ce qu'est l'apprentissage d'une langue

Naturellement, elle est liée à la relation enseignant-enseigné. On peut décrire les diverses représentations sur un axe qui va du plus passif au plus actif en ce qui concerne l'apport personnel de l'étudiant.

Dans le domaine des techniques de compréhension, cet axe va de la traduction par le maître à la découverte par les élèves, en passant par l'explication magistrale. Pour la production orale, il va de la récitation de phrases au jeu de rôles, en passant par les questions / réponses. En ce qui concerne la grammaire, l'axe va de l'explication *a priori* à la découverte par les élèves, en passant par la grammaire implicite extraite d'un minitexte et « fixée » par des exercices. C'est la technique la plus répandue.

Si le professeur pense que l'information ne peut venir que de lui, il traduira ou expliquera. S'il cherche à développer l'indépendance de ses étudiants, il leur enseignera les stratégies qui permettent peu à peu d'acquérir cette indépendance : comment essayer de deviner (inférer) le sens des mots grâce au contexte, comment mémoriser ce qu'on vient de comprendre en se le répétant mentalement, comment vérifier des hypothèses de sens en posant des questions, comment tolérer l'ambiguïté dans un texte en relisant, réécoutant, jusqu'à ce que le degré de compréhension augmente, comment travailler en groupe de façon à s'habituer à prendre la parole sans angoisse, etc. Et surtout, s'il veut éviter la monotonie des explications et des exercices grammaticaux, il leur fera découvrir en petits groupes des règles simples de grammaire en observant des phrases judicieusement rassemblées. Découvrir la place des pronoms objets, des adjectifs, l'emploi des prépositions est alors un jeu et non plus un *pensum*.

L'enseignant peut décider du degré d'activité qu'il veut introduire dans sa démarche : faire poser des questions et y répondre plutôt que réciter des phrases toutes faites. Il peut au bout d'un moment tenter le jeu de rôles et le travail de groupe parce que la classe y aura été amenée progressivement. Il peut aussi se contenter d'un travail par paires (groupes de deux), sans bouleversements dans la classe.

Les conditionnements culturels sont parfois très profonds et ne relèvent pas de la didactique. Mais ce ne sont parfois que des habitudes que l'on peut changer. On est souvent surpris de ce qu'on peut obtenir d'une classe, dans un lieu où on pensait que les habitudes socioculturelles l'interdisaient. Ceci est l'affaire de chacun. Tenir compte des pesanteurs culturelles ne signifie pas nécessairement « ne rien faire pour que cela change ». Cela peut aussi donner envie d'introduire des changements progressifs pour améliorer une situation qui n'est pas satisfaisante, et de tenter des expériences. Cela ne peut mener qu'à la satisfaction de constater le plaisir des étudiants.

2. Les objectifs, attentes et besoins

Il apparaît utile de définir ces termes pour éclairer la perception que peut avoir un enseignant des participants de son groupe-classe afin de mieux décider de ses choix pédagogiques.

2.1. Déceler les objectifs et créer la motivation

Les objectifs et les besoins sont parfois confondus, dans la mesure où le besoin est défini comme le moyen nécessaire pour atteindre un objectif spécifique. Un étudiant qui désire postuler un emploi dans le tourisme a besoin de connaître le vocabulaire et le discours liés aux modes de transport, aux réservations d'hôtel, à la description des lieux, etc. Dans ce cas, il est aisé de confondre l'objectif et le besoin dans la mesure où ils coïncident assez précisément. Un étudiant qui s'inscrit dans ce type de cours sait exactement pourquoi il est là. Il ne peut pas y avoir de malentendu entre l'étudiant, l'objectif et la méthode utilisée.

Mais ce n'est pas le cas pour la plupart des étudiants – adolescents ou adultes – qui suivent des cours de langue dite générale dans un lycée ou un établissement pour adultes. Dans ce cas, ni les objectifs ni les besoins n'ont été définis. C'est le cas de beaucoup d'adolescents qui suivent des cours de langue dans un lycée – sauf à considérer qu'avoir une note suffisante pour être reçu à l'examen final est un objectif en soi. Naturellement, dans une perspective pédagogique, accepter cette finalité comme objectif valable pour l'acquisition d'une langue étrangère ne peut que conduire à l'échec, sauf dans quelques cas exceptionnels. C'est pourquoi une réflexion sur les objectifs des apprenants me paraît constituer un préalable à toute opération d'enseignement : on ne peut avoir de besoins si on n'a pas d'objectif, et, sans besoin, il n'y a pas de participation active à la classe. Cette réflexion devrait permettre à l'enseignant de s'attaquer au difficile problème de la motivation et aussi d'éviter les écueils qui apparaissent souvent dans les cours pour adultes (choix des méthodes, adéquation des moyens employés, temps passé à apprendre, etc.).

Les objectifs dans l'enseignement secondaire

Rappelons deux évidences trop connues : un élève est en classe parce qu'il y est obligé et il aime ou il n'aime pas la matière enseignée, la méthode, le professeur. Souvent le choix d'une première langue lui a été imposé par ses parents. Après les premiers contacts, il décide que la langue lui plaît un peu, beaucoup, qu'elle l'ennuie ou que le professeur est drôle. Dans une même classe, il n'est pas certain que tous les élèves réagissent de la même façon.

Se contenter de réactions favorables, lorsqu'elles existent, est insuffisant. D'ailleurs, elles peuvent ne pas perdurer d'une année à l'autre. Si on a décidé de placer l'apprenant au cœur de l'apprentissage, expression qui n'est d'ailleurs pas majoritairement acceptée, il faut en premier lieu comprendre sa motivation, si elle existe. Si elle n'existe pas, il faut la créer, c'est-à-dire lui permettre de cerner ce qui pourrait être pour lui un objectif important dans l'appropriation d'une langue, qu'il a choisie ou pas : enrichir sa perception du monde, développer sa curiosité pour une autre culture, trouver du plaisir en devenant en quelque sorte une autre personne, parlant autrement, c'est-à-dire en jouant un nouveau rôle sur une autre scène.

Une démarche possible pour créer la motivation

Il s'agirait de faire prendre conscience, de manière concrète, de ce que peut apporter la capacité à comprendre un texte écrit dans une autre langue, ou un court document oral, à s'exprimer à l'oral et éventuellement à l'écrit. Pour faire vivre concrètement ces nouveaux comportements, on peut présenter aux enfants ou aux adolescents de courts extraits bien choisis qu'ils pourront comprendre facilement. Pour l'écrit : slogans publicitaires, ou autres, dans leur contexte, de préférence accompagnés d'une situation visualisée, extraits de BD ou dessin humoristique avec une légende. Pour l'oral : courts extraits de chansons, de films ou d'enregistrements audio accompagnés d'images. Pour la production : miniconversations à réaliser à deux ou séries de questions-réponses à élaborer à partir de ce qui aura déjà été compris, qui pourront être exécutées sans contraintes de corrections. Si les étudiants vivent ainsi d'une manière concrète de nouvelles pratiques linguistiques (lire, comprendre, s'exprimer en langue étrangère), ils pourront mieux comprendre à quoi sert l'apprentissage de la langue.

D'autres prises de conscience sont possibles, selon l'imagination des enseignants. Elles sont à mettre au point en fonction de la distance qui sépare la L. M. de la L. C. Cette démarche ne s'adresse pas aux étudiants qui maîtrisent déjà une langue. Dans ce cas, on peut les faire discuter sur l'intérêt ou les avantages qu'ils en retirent. Mais l'essentiel est de s'adresser au plus grand nombre possible d'élèves, et de tenter de leur faire comprendre ce qu'est l'appropriation d'une nouvelle langue à travers les nouveaux comportements qu'elle entraîne.

Les objectifs dans les cours pour adultes

Il n'est pas toujours aisé pour un apprenant adulte de définir précisément pourquoi il veut suivre un cours de langue. Sans doute parce qu'on a l'habitude de proposer les apprentissages en termes de niveaux et non de savoir-faire. Dire : « Je voudrais suivre un cours de niveau 2 pour passer ensuite au niveau 3 » est différent de : « Je voudrais comprendre la presse hebdomadaire, des films de cinéma, des émissions de télévision ou la littérature contemporaine ». Ce qui ne facilite pas les choses, c'est que, dans la plupart des programmes de langue proposés dans les établissements pour adultes, l'étude des documents vidéo est réservée aux niveaux avancés (souvent le niveau 4 des méthodes). On ne tient pas compte du fait que l'acquisition des savoir-faire peut traverser tous les niveaux. Un document vidéo bien choisi, où sont enregistrés des extraits de films ou d'émissions de télévision, peut très bien être utilisé dès le niveau 1 pour faire acquérir la compréhension de l'oral. Il en est de même pour un extrait de roman ou un article de presse. Il suffit de se débarrasser de la déplorable habitude d'« exploiter à fond » un document pour la remplacer par l'idée que les documents authentiques bien choisis sont d'abord et avant tout utiles et intéressants pour développer la capacité de l'élève à comprendre. On peut fort bien les proposer dans ce but avec un minimum de capacité d'expression de la part de l'élève, parce qu'ils apportent un bain linguistique irremplaçable à ceux qui vivent en dehors des pays où la langue cible est parlée. En outre, par la méthode de découverte de sujets d'intérêts généraux qu'ils apportent, ils mettent en condition pour l'apprentissage. Certaines institutions d'Amérique latine mettent en œuvre cette approche dans leurs cours de compréhension.

Il serait donc naturel de mettre en place, comme objectif d'apprentissage, la notion de savoir-faire, aussi bien au lycée que dans les cours pour adultes. L'avantage d'aborder ainsi une langue est double :

– cela donne aux apprenants des objectifs concrets, accessibles à plus ou moins court terme (« Je serai à même de comprendre ce type de texte ou de document plus ou moins bien dans quelques mois, dans une année peut-être, selon le temps que je consacrerai à lire ou à écouter la L. C. ») ;

– le second avantage découle du premier : de nombreuses personnes, peu motivées par l'apprentissage d'une langue dont il faut escalader pas à pas tous les degrés, deviennent motivées quand les objectifs qu'on leur propose sont concrets, accessibles à court ou moyen terme. Et ceci est vrai aussi pour les enfants.

2.2. Les attentes et attitudes

Une fois les objectifs précisés, il faut s'intéresser à leur mise en œuvre (aux moyens) avant de les définir plus concrètement en besoins. Il faut donc être conscient des attentes et attitudes des étudiants pour pouvoir comprendre leur résistance ou leur participation et adapter son comportement pédagogique à la classe.

On peut considérer que les attentes et les attitudes appartiennent à des réalités sociopsychologiques. **L'attente** est conditionnée par le milieu. L'étudiant s'attend à être actif ou passif selon le milieu socio-culturel où il a vécu et il est prêt à jouer l'un ou l'autre rôle, à moins qu'on ne l'entraîne à en changer (*cf. 1, 1.3. L'arrière-plan culturel*).

L'attitude, elle, est conditionnée par le degré de confiance en soi, par ses réussites ou ses échecs précédents. Elle peut être positive, négative ou neutre.

En dehors des attentes et attitudes des apprenants, il y aurait d'autres paramètres à prendre en compte, en particulier ce que H. Trocmé appelle la « gestion préférentielle » (visuelle, auditive ou kinesthésique). Même lorsqu'on n'a pas les moyens de découvrir ce paramètre de l'étudiant, il est cependant fort utile d'en connaître l'existence car cela offre des pistes pour l'interprétation de ses attitudes et comportements. C'est pourquoi je renvoie à l'ouvrage de H. Trocmé, *J'apprends donc je suis* (Les Éditions d'Organisation, 1987), qui offre des perspectives très utiles de recherche pour une bonne gestion de la classe par l'enseignant.

**Les caractéristiques
des gestions verbales et non verbales**

Profils et gestions

Profil visuel (V)

V 1   préfère *voir* la scène, la situation, le film, les images du livre
V 2   préfère *lire* le texte du manuel
V 3   demande à *faire* des exercices, des applications, mettre « au clair »
V 4   *prolonge* les paramètres visuels, formes, etc.

Profil auditif (A)

A 1   est sensible à l'*environnement sonore*
A 2   préfère une situation d'*écoute* à la lecture d'un document
A 3   aime les *raisonnements*, les démonstrations, prolonge, *crée* à partir des paramètres auditifs : hauteur, amplitude, durée, fréquences
A 4   prolonge, *crée* à partir de paramètres auditifs : amplitude, durée, fréquences

Profil kinesthésique (K)

K 1, K 2 préfèrent l'expression *non verbale*
K 3, K 4 sont des « *metteurs en scène* », des réalisateurs

Visuelle	**Gestions**	*Auditive*
+		+
précise		fluide
logique		flou
statique		
organisée		
discriminative		combinatoire
systématique		relationnelle
lente		rapide
gère l'espace		gère le temps
ne se remet pas		peu d'esprit
facilement en question		critique

2.3. Les besoins

On peut considérer que les besoins sont la traduction concrète des objectifs, et leur attribuer deux sens :

❶ Un **sens fonctionnel**, général : l'ensemble des savoir-faire à acquérir ;

❷ Un **sens cognitif et affectif**, général et adaptable aux cas particuliers : les stratégies à acquérir pour apprendre.

Les besoins au sens ❶ du terme sont aisés à définir dans le cas des objectifs spécifiques d'apprenants non-captifs. On sait de quels savoir-faire a besoin un futur juriste, un architecte ou un employé dans l'hôtellerie ou le tourisme. Ils sont malaisés à définir dans le cas des apprenants captifs ou de ceux qui suivent un cours de langue générale. C'est pourquoi il faut les aider à se fixer des objectifs acceptables et à rendre leur réalisation possible, ce qui est la condition de la motivation.

Les besoins au sens ❷ nécessitent de la part de l'enseignant beaucoup d'attention. Ils doivent être détectés chez un apprenant donné et transformés en « bonnes » stratégies, facteurs d'apprentissage. Ces bonnes stratégies sont, notamment, la capacité à inférer, élaborer, s'auto-évaluer, partager les émotions, etc. (*cf. chapitre 3.*). Certaines de ces stratégies sont déjà utilisées par des étudiants, d'autres ne les possèdent pas. Il s'agit de les leur faire acquérir. On peut dire qu'elles sont l'expression de besoins **cognitifs** (inférer est nécessaire à l'appropriation du sens) et **affectifs** (partager des émotions [désir, plaisir, angoisse] dans un travail de groupe).

Il me paraît important d'élargir l'acception du terme « besoin » puisque, dans un contexte d'apprentissage, l'objectif à acquérir est inséparable des moyens.

Concilier les objectifs des institutions et ceux des apprenants

Naturellement, toute institution a besoin de proposer des certifications ou des examens de passage d'un niveau à un autre. Les contenus de ces examens sont mal adaptés à l'enseignement communicatif. Jusqu'à présent, ils n'offrent pas le moyen de juger une réelle compétence de communication, mais, pour les niveaux avancés, plutôt des savoir-faire culturels et fonctionnels (faire un exposé, un résumé, un commentaire) et, pour les niveaux débutants, plutôt des savoirs linguistiques que des savoir-faire communicatifs.

Mais rien n'empêche, malgré tout, d'enseigner parallèlement ces savoir-faire communicatifs, si cela correspond à des besoins exprimés par les apprenants. L'important est de connaître ces besoins. Les deux questionnaires suivants, qui pourraient être remplis par des adultes s'inscrivant à un cours, peuvent fournir des renseignements utiles, permettre d'orienter les étudiants vers un cours plutôt qu'un autre et surtout aider le professeur à négocier avec eux les textes, documents et activités qu'il va utiliser dans son cours. Ils peuvent être améliorés, modifiés. Ils ne sont là qu'à titre d'exemples.

Questionnaire sur l'apprentissage

❶ Avez-vous déjà appris une langue étrangère en classe ? Laquelle ?

❷ Qu'est-ce que vous savez faire dans cette langue :

Comprendre l'oral ?	un peu – assez bien – bien
Comprendre l'écrit ?	un peu – assez bien – bien
Parler ?	un peu – assez bien – bien
Écrire ?	un peu – assez bien – bien

❸ Avez-vous appris une langue étrangère **seul(e)** ?

❹ Que savez-vous faire dans cette langue ? (Répondez en utilisant les termes de la question **❷**.)

❺ Comment avez-vous appris à faire ce que vous savez faire ?

❻ Avez-vous déjà un peu étudié le français ? Où ? Quand ? Pendant combien de temps ?

❼ Que savez-vous faire en français ? (Utilisez les termes de la question **❷**.)

❽ Quel est votre métier ou votre spécialité si vous êtes étudiant ?

❾ Quels savoir-faire voulez-vous acquérir ?

C O M P R E N D R E	L'ORAL	Conversations sur la vie quotidienne	
		Français utile pour le tourisme et les déplacements en France	
		La radio et la télévision (Quel type d'émission ?)	
		Les cours et les conférences	
		Situations orales de type professionnel (Quelle profession ? Quelle spécialité ?)	
	L'ÉCRIT	Journaux et revues grand public	
		Revues et ouvrages scientifiques (Quelle spécialité ?)	
		Textes littéraires	
		Internet	

PARLER	Français utile pour le tourisme	
	Conversations quotidiennes	
	Entretiens professionnels	
	Discussions scientifiques	

ÉCRIRE	Correspondances amicales	
	Correspondre sur Internet	
	Écrire des comptes rendus, des résumés	
	Écrire des articles spécialisés	

NB. Vous inscrivez selon le cas les chiffres suivants :

1. Si vous voulez avoir une connaissance minimale ;

2. Si vous voulez avoir une connaissance moyenne ;

3. Si vous voulez avoir une bonne connaissance.

Je conclurai en soulignant un des aspects qui, à mon avis, retarde une véritable réflexion sur la prise en compte des besoins : l'interprétation de la notion de savoir-faire communicatif. En effet, la description des besoins a changé avec l'approche communicative (A.C.) où ils ont été définis en tant que savoir-faire, notion qui se substituait à celle de savoir linguistique en l'englobant. Un savoir-faire oral quelconque s'exprime à la fois par l'utilisation d'une forme linguistique, adaptée à un contexte, et des éléments para et extralinguistiques (intonation et gestuelle) qui l'accompagnent. Un savoir-faire écrit s'exprime par des formes linguistiques, également adaptées au contexte qui se succèdent dans un certain ordre obéissant à des règles de mise en valeur des messages (organisation et style).

La définition du savoir-faire a été acceptée en principe, mais parfois mal comprise ou non intégrée. Mal comprise et rejetée parce qu'on a cru qu'elle excluait ou négligeait la notion de savoir linguistique ; non intégrée parce qu'elle impliquait un changement de comportement, difficile à adopter.

En effet, on peut observer deux types de comportements d'enseignants, qui sont particulièrement manifestes devant des performances orales d'étudiants :

– le comportement de celui qui a accepté l'idée de l'acquisition en tant que savoir-faire, et qui a tendance à juger d'abord chez ses étudiants la capacité à accomplir une bonne communication en utilisant tous les moyens à sa disposition (intonation, gestuelle, procédés répétitifs, accent d'insistance, etc.). Cet enseignant accepte que la forme linguistique soit parfois imprécise ou peu correcte, en se disant que ces deux types de moyens (extralinguistiques et linguistiques) sont nécessaires à une bonne performance. Il a intégré la notion de savoir-faire communicatif et admet une progression parallèle des deux performances, la performance fonctionnelle communicative et la performance linguistique ;

– l'autre comportement est celui du professeur qui ne perçoit que la performance linguistique, sans doute parce qu'il a été formé à cela. Il néglige les autres moyens de communication, et tolère difficilement des fautes, même en début d'apprentissage, et surtout il ne comprend pas ce que signifie mettre en place un « savoir communiquer ».

Les mêmes observations s'appliquent à l'écrit : l'habitude de corriger surtout les fautes de langue et de ne pas être sensible à l'organisation du texte ou l'habitude inverse de développer les deux aspects de la communication.

Aussi longtemps que cette prise de conscience n'aura pas eu lieu, on ne peut parler de mise en œuvre de l'A. C., ni donc en escompter les bénéfices.

3. Le rapport langue maternelle – langue cible

Depuis environ cinquante ans, la méthode ayant les faveurs du public est dite « universelle ». Elle s'adresse à tous les publics linguistiques du monde : on apprend le français avec le même manuel, que l'on soit italien, espagnol, brésilien (possédant déjà une langue latine) ou que l'on soit chinois, cambodgien ou russe.

Comment cette situation perdure-t-elle ? Sans doute est-ce à cause de la mondialisation des produits d'enseignement qui, comme pour tous les autres produits, entraîne la suppression d'une véritable concurrence et permet d'offrir des documents agréables, accompagnés d'illustrations séduisantes. On a l'impression que, si on les utilise, tout sera varié, distrayant. Peut-être. Mais jusqu'à quel point pourra-t-on se contenter de cette progression unique pour italophone et sinophone ? Quelques expériences sur le terrain montrent que l'enthousiasme retombe parfois après un an ou deux. On se pose rarement la question de savoir si une méthode convient au public auquel on s'adresse.

On a longtemps parlé d'« adaptation au contexte », en recommandant surtout de tenir compte des spécificités culturelles. À ma connaissance, les spécificités linguistiques ont rarement été prises en compte. Il est possible qu'elles aient été ignorées faute de réflexion approfondie sur l'apprentissage d'une langue étrangère. Si on aborde l'apprentissage au niveau **technique**, on se contente de mettre en parallèle les différents moyens pédagogiques utilisés et utilisables, parmi lesquels chacun est libre d'exercer sa préférence. Si on l'aborde au niveau **cognitif**, alors on ne peut se contenter de décrire et de commenter des techniques pour apprendre, mais on se trouve d'emblée sur le terrain de la problématique scientifique : si nous voulons obtenir tel résultat, étant donné ce que nous savons à l'heure actuelle, grâce à la recherche, sur les opérations qui sous-tendent l'acquisition d'une langue, telles que la perception et la mémorisation par exemple, que pouvons-nous proposer dans notre enseignement ? Seule l'existence d'une telle problématique pourrait permettre un réel débat. Dans la majorité des cas, nous en sommes encore loin.

Dans cette optique, quelles seraient les implications méthodologiques de la prise en compte du caractère proche ou éloigné de la L. C. par rapport à la L. M. ?

Pour bien les mesurer, il est nécessaire de tenir compte de deux opérations cognitives fondamentales pour l'acquisition d'une nouvelle langue : la perception et la mémorisation.

3.1. Tenir compte de la perception

Pour s'approprier un nouveau code de communication, il faut d'abord être capable de percevoir ce code sous tous ses aspects : phonétique (phonèmes et intonation), lexical (le sens des mots) et morphosyntaxique (l'organisation de la phrase, structure et grammaire). Le bon sens nous indique que si les langues sont voisines, c'est-à-dire issues d'une même langue, à partir de laquelle elles ont évolué au cours des siècles, il y a de sérieuses chances pour qu'elles entretiennent quelque parenté avec cette langue : certains mots du lexique, la structuration syntaxique et ce qu'on peut appeler la grammaire. Le temps passé pour comprendre un texte, en percevoir l'organisation, est sans commune mesure selon que le texte possède des mots transparents et une organisation voisine qu'on peut deviner ou selon qu'il constitue une nébuleuse totale. Il n'est nul besoin de diviser un texte d'une langue voisine en éléments réduits pour en montrer la structuration.

Cette variable, qui conditionne l'entrée dans la langue de manière radicalement différente, n'est pas souvent prise en compte dans les manuels qui s'adressent à un public universel.

Il est évident que si la perception de textes authentiques peut se faire sans un appareil qui retarde l'activité d'apprentissage de l'étudiant, un temps considérable est gagné. Mais lorsqu'on a affaire à une langue lointaine, il faut faciliter la perception. Cela passe par une progression rigoureuse, non pas par une analyse *a priori* des difficultés de la L. C. en soi, mais par la sélection de ce qui sera le plus aisément perçu par l'apprenant étant donné les conditionnements que lui impose sa langue, à tous les niveaux : phonétique, lexical et morphosyntaxique.

Par exemple, une distance phonétique existe entre l'espagnol et le français. Mais elle est beaucoup plus difficile à franchir par le locuteur espagnol que par le locuteur français, en ce qui concerne l'acquisition des phonèmes vocaliques. L'espagnol possède cinq voyelles (a, e, i, o, u), le français en possède seize. L'oreille espagnole adulte, qui a été habituée à discriminer cinq voyelles, ne perçoit pas d'emblée les onze voyelles du français qui n'existent pas dans sa L. M. La majorité des apprenants ne peut parvenir à les percevoir que si on met en place un mode d'entraînement à leur perception. De tels instruments pédagogiques existent.

Du point de vue phonétique, le français est donc une langue lointaine pour le locuteur espagnol, mais pas du point de vue grammatical. Pour le locuteur français, l'espagnol est une langue voisine à tous les niveaux.

On devrait faire des analyses analogues en ce qui concerne la perception du lexique et de la syntaxe. Certains mots sont transparents d'une langue à l'autre. Il serait intéressant, dans les débuts de l'apprentissage, de choisir des textes qui en contiennent un certain nombre, afin de donner confiance aux apprenants. La compréhension plus rapide que cela entraîne permet de « libérer » son esprit. Il peut alors dégager plus facilement les règles morphosyntaxiques. Le lexique est certainement le facteur le plus important dans les progressions, mais on s'en préoccupe rarement. Toute l'attention se porte sur la grammaire, parfois sur la syntaxe. Si l'allemand est une langue lointaine pour le Français, ce n'est pas dû aux différences syntaxiques qui sont rapidement accessibles, mais bien au lexique dont la perception pose un réel problème pour un locuteur de langue latine, parce que les racines sont celles d'une langue germanique et que ses bases lexicales ne lui sont pas du tout familières. Quant aux règles morphologiques (genres et cas), elles ne devraient s'enseigner de manière exhaustive qu'après qu'une certaine base lexicale a été mise en place.

À ma connaissance, peu de recherches ont été faites pour améliorer la présentation des éléments qui posent un problème de perception dans l'enseignement d'une langue lointaine, recherches qui devraient porter sur le lexique (apprentissage de l'allemand par un Français) mais aussi parfois sur la syntaxe (apprentissage du français par un locuteur khmer et l'inverse).

Ces considérations ne négligent pas tout l'effort d'enseignement qui est fait et qui doit se poursuivre, quelle que soit la langue, à un niveau avancé. Elles ne visent qu'à faciliter l'accès à une langue. Elles s'adressent donc à des enseignants du niveau des débutants, qui est le niveau où on décide, quand on en a le choix, de poursuivre ou d'abandonner l'apprentissage.

Enfin, il faut signaler que, de nos jours, il est peu d'apprenants du français qui ne possèdent déjà l'anglais. On peut penser que les mots d'origine latine que leur fournit cette base anglophone rapprochent leur langue du français, mais seulement du point de vue lexical et syntaxique, et non du point de vue phonétique, ni bien entendu morphologique.

3.2. Tenir compte de la mémorisation

La seconde opération cognitive qui est liée à la perception, mais qui doit être renforcée par des pratiques répétées de « fréquentation » des textes[1], est la mémorisation. Sans elle, on ne peut produire des énoncés dans la L. C. (parler et écrire). C'est parce qu'on a en stock, dans sa mémoire, et à disposition immédiate, un certain nombre de phrases ou bribes de phrases mémorisées qu'on peut s'exprimer en langue étrangère. Il est évident qu'il est moins coûteux en temps de mémoriser des phrases qui ressemblent à celles de sa L. M. Le rythme d'apprentissage

---

1. Au sens linguistique du terme, le texte peut être oral ou écrit.

est considérablement plus rapide que dans le cas d'une langue lointaine. Mais en interdisant cette possibilité de fréquentation de textes d'une certaine complexité aux apprenants d'une langue voisine, on les prive de cette facilité et dans beaucoup de cas on les démotive. Par ailleurs, on ne sait pas activer les facultés de perception et de mémorisation des apprenants d'une langue lointaine.

Il faut prendre conscience de cette situation qui est due à l'adoption généralisée de méthodes universelles et aussi, en partie, dans certains pays, à la « situation culturelle » d'enseignement où la « faute » de l'étudiant est mal perçue et où le rôle du professeur est prépondérant dans la « transmission » des connaissances, ce qui entraîne des progressions « pas à pas », « sûres », mais peu propices à l'acquisition de connaissances autres que grammaticales.

En résumé, si l'on veut décider en connaissance de cause du type de progression et du mode d'insertion des données dans son propre cours, il faut s'interroger sur les rapports qui existent aux différents niveaux linguistiques entre la L. M. et la L. C. Les paramètres dont il faut tenir compte pour mesurer la distance sont les suivants :
- la phonétique et le lexique ;
- la syntaxe ;
- la morphologie, qui n'est pas prioritaire (*cf. chapitre 3, 3.2.*).

La première tâche qui incombe à un professeur désirant mettre toutes les chances de son côté est de prendre en compte et d'analyser les paramètres relatifs à la situation d'enseignement qui est la sienne.

Son intervention sera particulièrement nécessaire s'il a affaire à des apprenants captifs, aux attentes imprécises et aux besoins non définis. Cette situation l'obligera à adopter certaines démarches visant à découvrir les attentes, inventorier les besoins, et élaborer un cours adapté à la classe.

Dans le cas où un manuel lui est imposé ou proposé, il devra l'utiliser avec une certaine souplesse, c'est-à-dire en sélectionnant et / ou en rajoutant des textes ainsi qu'en adaptant les exercices et activités aux besoins de sa classe. La négociation qu'il pourra mener avec sa classe pour ménager une éventuelle adaptation du manuel sera profitable dans la mesure où il aura préalablement expliqué les enjeux des changements introduits, par exemple par un questionnaire : *Pour quels objectifs apprenez-vous la langue ? Quel savoir-faire privilégiez-vous : lire, comprendre l'oral, parler ? Par quels moyens peut-on acquérir ces savoir-faire ?* Le problème sera différent et beaucoup plus complexe s'il s'agit d'adapter une méthodologie de type généraliste à l'enseignement d'une langue voisine ou lointaine.

2

L'ORGANISATION DE L'UNITÉ D'ENSEIGNEMENT

Il me paraît très important d'avoir à l'esprit la notion d'unité d'enseignement, ou unité didactique. Car à notre époque où le besoin de diversité s'appelle « éclectisme », certains courent le risque d'oublier que tout apprentissage suppose une méthode. Si l'éclectisme est une méthode en philosophie, appliqué à l'enseignement des langues, ce concept sera plutôt interprété par la majorité des enseignants comme la possibilité de choisir, dans la gamme des activités et exercices existants, ceux qui leur paraîtront les plus intéressants, agréables, et parfois de « varier pour varier ».

Ce qui différencie l'apprentissage dans la rue de l'apprentissage à l'école, c'est que l'école apporte les moyens de contrôler l'apprentissage et de le faciliter. Ce qu'elle propose, c'est donc bien une « méthode ». Certes la « meilleure méthode » n'existera jamais. Qui pourrait en juger ? Selon quels critères ? Cependant, on ne peut enseigner sans méthode. Si on la définit de la manière la plus simple comme moyen de contrôler et de faciliter l'apprentissage, cela suppose avant tout qu'on ait une vue d'ensemble du parcours que doit accomplir l'apprenant pour s'approprier l'usage d'une nouvelle langue.

Puisqu'on ne peut saisir de manière globale l'ensemble du parcours d'apprentissage, du débutant à l'utilisateur expérimenté, il faut bien diviser ce parcours en étapes, qu'on pourra appeler unités d'enseignement. Ces étapes ne se confondront pas avec les leçons dont la durée (de 30 minutes à 3 heures selon le contexte) ne permet pas d'accomplir un parcours d'apprentissage mais simplement de procéder à quelques activités jalonnant ce parcours.

Pour établir un parcours et en contrôler les acquis, il faut organiser les données de départ, les moyens de faire acquérir les savoir-faire escomptés et d'évaluer les acquis. Un cours doit donc être pensé en termes d'unités d'enseignement, ayant chacune des *objectifs* d'apprentissage (définis en tant que savoir-faire impliquant des connaissances linguistiques), des *données* sélectionnées en fonction de l'objectif, et selon une certaine *progression*, une *méthodologie* d'apprentissage et une *évaluation*.

Dans ce chapitre, nous traiterons du choix des données en fonction des objectifs et du rapport langue maternelle-langue cible (L. M.-L. C.), ainsi que de la progression et de l'évaluation. Nous réserverons pour le *chapitre 3* le traitement de la méthodologie proprement dite, c'est-à-dire les étapes du déroulement de l'apprentissage par lesquelles les élèves doivent passer pour s'approprier les objectifs.

1. Les données de départ

Théoriquement, les données peuvent être **grammaticales** (la langue est d'abord présentée à travers sa grammaire) ou **discursives** (elle est présentée à travers le discours). De nos jours, la méthode grammaire-traduction a été abandonnée et les données ne sont plus strictement grammaticales. Mais, à y regarder de plus près, on s'aperçoit que le discours auquel on expose les élèves n'est souvent que de la grammaire – ou de la structure – déguisée.

À quoi servent les données ? À mettre en évidence la langue et son fonctionnement dans le discours. Elles constituent donc le point de départ de l'observation et de l'appropriation de la langue par l'étudiant. Elles peuvent être simplifiées ou être « naturelles » et présenter une certaine complexité, un caractère authentique.

Sans doute méconnaît-on l'importance fondamentale de ces choix de départ : mettre en évidence la structure de la langue en l'ayant préalablement découpée en mini-énoncés aisément compréhensibles et mémorisables, ou « exposer » l'étudiant à un certain volume de discours d'une complexité donnée pour qu'il puisse l'observer et en comprendre l'organisation. La première solution, qui semble préférable, n'est valable que dans le court terme. En effet, à plus long terme, s'approprier le discours à partir d'éléments d'un puzzle dont on ne connaît pas le tableau d'ensemble est très difficile, tandis que dégager les éléments du puzzle qu'est la langue à partir du tableau d'ensemble que constitue le discours est non seulement possible mais stimulant. Autrement dit, passer de la compréhension du système à l'appropriation du discours, qui est le but de l'apprentissage, est une opération à risques – beaucoup n'y arrivent jamais – et de longue durée. Mais acquérir le discours en en dégageant simultanément et progressivement les règles de la langue est un processus naturel qui implique l'apprenant.

En termes d'apprentissage, le point de départ peut donc être actif ou entièrement guidé. Dans le second cas, l'étudiant est conditionné à ne percevoir que ce qui aura été préalablement découpé, ce qui est simple, il aura donc du mal à appréhender la complexité. En lui donnant un modèle à imiter qu'il s'appropriera facilement et qui donnera des résultats apparents dans le court terme, on l'empêche de développer la faculté qu'a le cerveau humain de simplifier le complexe, de structurer les données d'observation. Cette faculté est à la base de l'apprentissage considéré comme une appropriation et non comme la simple imitation d'un modèle. C'est la différence, en termes scientifiques, entre les théories cognitivistes, admises de nos jours, et les théories de type béhavioristes (stimulus-réponse) en vogue dans les années 1950. En choisissant la solution « active », on favorise le moyen et le long terme et on évite le désintérêt progressif des étudiants qui, dans certains contextes, délaissent leur cours en fin de première année.

Nous venons de définir le premier et principal critère de sélection des données : le caractère volumineux qui implique globalité et complexité et qui s'oppose au caractère parcellaire, fragmenté des données résultant d'un découpage préalable. Autrement dit : le fait de choisir une mini-situation authentique ou probable d'un point de vue communicatif, ou alors deux ou trois répliques assemblées arbitrairement pour mettre en évidence une structure, mais n'ayant aucune véracité communicative.

Le second critère a trait au genre : document oral, texte écrit, dialogue, bande dessinée, comptines, chansons, etc. Le choix du genre ne peut dépendre uniquement de la fantaisie de l'auteur du cours ou du manuel qui, las de constater que toutes les méthodes commencent par des dialogues, décide de « changer pour changer ». Les données doivent être en accord avec les objectifs poursuivis par le public, et elles sont conditionnées par le rapport L. M.-L. C.

1.1. Les objectifs et les données

Les objectifs définissent la compétence recherchée par l'apprenant. La meilleure façon de concevoir le choix des données par rapport aux objectifs est de garder présent à l'esprit le lien qui doit exister entre les modèles de départ qui peuvent être dégagés des données et la compétence de compréhension et / ou de production qui est attendue « à la sortie ». Toute unité d'enseignement doit entretenir un rapport « entrée-sortie ». À la fin d'une unité centrée sur la demande, l'apprenant doit être en mesure d'utiliser cette fonction dans une situation de communication orale, si son objectif est d'apprendre à parler. Cela signifie qu'il lui faudra comprendre les refus, les hésitations de ses interlocuteurs, être capable de reformuler sa demande avec tact ou insistance ou toute autre nuance qui convienne à la situation. Où acquérir cette compétence, sinon en observant des dialogues où sont mis en scène ces fonctions de communication ou actes de parole ? On ne peut inventer les formes discursives utilisées par un groupe social dans une situation donnée. L'étudiant doit donc être exposé à des situations suffisamment diverses pour qu'il en dégage un comportement linguistique adéquat. De même, il n'apprendra pas à faire un exposé ou à écrire un texte sans avoir préalablement repéré les formulations et l'organisation des arguments dans des discours authentiques s'adressant à des publics définis. Le discours, aussi bien que la langue, s'apprend en situation et non à partir de listes de mots ou de formules.

Mais cet aspect de l'apprentissage est parfois mal compris. Il ne faut pas confondre le thème et la fonction. Par exemple, on ne peut pas apprendre à faire une lettre de réclamation à partir d'un article de journal où sont décrits les abus de l'administration. S'il existe un rapport thématique entre ces deux types de texte, il n'y a pas de rapport fonctionnel. Une lettre de réclamation à l'administration comporte une organisation discursive obéissant à des règles d'usage qu'il faut connaître. Le récit et la description possèdent des règles d'organisation textuelle qui n'ont rien à voir avec la lettre de réclamation. Si l'étudiant n'a pas été en contact avec ces règles d'écriture, on le contraint à produire son texte en faisant référence à sa « langue-culture » maternelle. D'où l'aspect gauche, peu français, de certains textes écrits par des étudiants avancés. On a simplement omis de leur enseigner les aspects discursifs liés à la culture de la langue-cible. Ceux-ci ne s'inventent pas. Même une excellente connaissance grammaticale de la langue ne peut pallier ce manque d'apprentissage. Il faut absolument penser les données en fonction du rapport entrée-sortie.

1.2. Les données et le rapport L. M.-L. C.

Nous avons déjà abordé ce problème. Une progression linguistique peut retarder l'apprentissage en inhibant les facultés de reconnaissance et de compréhension (la stratégie d'inférence) à l'œuvre dans l'apprentissage d'une langue voisine. Les données devraient donc être choisies en fonction des étudiants qu'on a dans son cours et avec leur accord (*cf. Questionnaire sur l'apprentissage*, p. 25).

Dans le cas des langues lointaines, l'entrée dans la langue peut être difficile. Une réflexion sur la sélection des données s'impose, guidée par l'analyse des difficultés de perception, aux niveaux phonétique, lexical et syntaxique. Parfois la compréhension du système morphologique nécessite un entraînement parallèle : faire comprendre le fonctionnement d'une langue à cas par un étudiant qui n'en a jamais étudié, par exemple. Mais cet entraînement ne devrait pas polariser toute l'attention de l'enseignant. Il doit avant tout se préoccuper de faire progresser ses élèves dans la compréhension du discours et, en partie, dans la production, avant tout autre apprentissage.

En conclusion, quels que soient les genres de discours que les étudiants devront s'approprier en fonction de leurs objectifs, répétons-le, les données devront être supérieures en quantité et en complexité à ce qui est attendu de l'apprenant au niveau de la production. Elles sont nécessaires pour « nourrir le cerveau », c'est-à-dire fournir une base de références de discours dont l'apprenant est plus ou moins conscient au moment où il en prend connaissance, mais qui seront activées au fur et à mesure qu'il pratiquera des activités en classe de langue.

2. L'établissement d'une progression

Les notions communément utilisées pour construire une progression sont celles qui ont trait à la simplicité / complexité et à la thématique.

On ne développera pas ici la notion de thématique, car on peut considérer, en quelque sorte, qu'« elle va de soi », dans la mesure où chacun doit pouvoir choisir les aspects thématiques qui conviennent aux objectifs et aux contextes particuliers.

Cependant deux remarques s'imposent.

Il faut rappeler la nécessité d'une « négociation » avec les étudiants pour s'assurer de leurs goûts et intérêts. S'intéressent-ils à l'actualité ? Quels thèmes privilégient-ils ? Les rapports personnels et familiaux ? La vie scolaire ? Les rapports sociaux et les choix de société ? Le travail et les loisirs ? Les choix idéologiques, artistiques et de civilisation ? Tout cela est naturellement fonction de l'âge et des préoccupations culturelles des étudiants. Mais dans la mesure où l'on a choisi une méthode où l'apprentissage de la langue est subordonné à l'intérêt des contenus informatifs, alors la thématique a une importance fondamentale et le professeur doit parfois pouvoir dépasser, dans l'intérêt de ses élèves, le programme thématique inhérent à l'examen final.

L'autre remarque sera peut-être contestée par certains : les thèmes traités dans une classe de L. E. doivent apporter un dépaysement, une ouverture, des perspectives nouvelles. On se pose en s'opposant. On découvre ou on comprend mieux les aspects culturels de sa propre société en les confrontant à ceux d'une autre. À condition, bien sûr, de ne pas considérer de manière critique les aspects culturels de la L. C. On n'a pas à édulcorer la culture ni à l'interpréter ou à en donner une version pré-analysée aux étudiants. Il est bien préférable de la leur faire interpréter en leur proposant des situations ou des textes montrant des attitudes culturelles diverses, parfois contradictoires, illustrant la complexité d'une société plutôt que mettant en évidence des stéréotypes.

2.1. Le simple et le complexe

En ce qui concerne la progression linguistique, la tradition est d'aller du simple au complexe. Dans la notion de progression, il y a celle de « progrès », c'est-à-dire le fait d'avancer, de passer d'une étape à une autre, d'un niveau à l'autre. La décomposition des données en éléments simples plus faciles à acquérir est censée faciliter ce progrès.

Pendant de longues années, à ma connaissance, il n'y a pas eu de remise en cause de ce principe. La majorité des méthodes publiées depuis les années 1950 y étaient fidèles. Du point de vue linguistique, ce qui était simple relevait du vocabulaire concret, quotidien : la maison, la famille, la nature. Sur le plan grammatical, les temps simples étaient plus faciles que les temps composés, le mode indicatif plus facile que les modes subjonctif et conditionnel, les articles définis plus faciles que les partitifs, etc. Du point de vue thématique, les échanges portant sur les actions concrètes, quotidiennes, étaient donc plus faciles d'appropriation que ceux concernant l'expression des sentiments et des idées, réservés au niveau 2.

Une conception différente de la progression a été mise au point en 1961 dans la méthode *Voix et Images de France* (CREDIF, Didier, 1961). Elle était établie sur le critère de la fréquence des mots. Les mots les plus fréquents étaient enseignés au niveau 1 et les autres au niveau 2. Ce critère était tempéré par celui de « disponibilité » : dans certaines situations, des mots sont disponibles, ils sont liés à ces situations. On peut donc les enseigner. Malgré cette innovation, on retrouve dans l'ensemble des méthodes SGAV l'idée que les éléments concrets du lexique sont plus faciles à acquérir que les éléments abstraits.

Dans les années 1970, à la suite des publications du Conseil de l'Europe pour promouvoir l'approche communicative du langage, un nouveau type de progression a été élaboré, non plus seulement à partir des aspects linguistiques (lexique et grammaire), mais sur la base des

valeurs fonctionnelles du langage, c'est-à-dire en tenant compte du fait que la parole ou l'écriture sont une forme d'action. Elles permettent d'informer, de donner des ordres, d'interdire, d'accomplir des demandes, d'encourager, de conseiller, etc. À partir de ce moment, on ne pouvait plus considérer l'apprentissage de la langue comme celui de ses structures, il fallait aussi l'envisager comme un moyen d'agir, de transmettre des messages, d'accomplir les fonctions nécessaires aux échanges qui règlent la vie quotidienne et la vie en général.

On a donc élaboré des contenus d'apprentissage en tenant compte également des fonctions que l'acquisition des structures de la langue permet d'accomplir. Ces contenus ont été publiés pour chaque langue dans des ouvrages intitulés : *Un Niveau-Seuil*, *The Threshold Level*, *El nivel Umbral*, etc., où l'on trouve, parallèlement au lexique et aux notions grammaticales que véhiculent les structures d'une langue, les actes de parole que l'on accomplit en s'exprimant.

L'implication sur les progressions a été immédiate. Elles ont été élaborées en combinant deux critères : le critère linguistique (plus ou moins grande simplicité de la structure) et le critère fonctionnel (les actes de parole que les formes permettent d'accomplir). On a parlé alors de « regroupements fonctionnels ». Il s'agissait de regrouper dans une même unité des formulations linguistiques qui ne relevaient plus d'un même type de structure ou d'aspect grammatical, mais qui remplissaient une même grande fonction du langage. La notion de complexité ne pouvait plus s'appliquer aux aspects linguistiques avec la même rigueur qu'auparavant, puisqu'on pouvait enseigner dans une même unité des formes au présent et au conditionnel, des verbes auxiliaires suivis de l'infinitif, des pronoms personnels compléments. C'est le cas pour enseigner la « demande » par exemple. Pour réaliser cette fonction, on a besoin d'un « paradigme fonctionnel », tel que :
– Vous avez... ?
– Je voudrais, j'aimerais...
– Pouvez-vous, pourriez-vous me (+ infinitif) ?
– Est-ce que vous auriez... ?
– etc.

On le voit, l'approche communicative a permis de reconsidérer la notion de progression et de se débarrasser du principe trop strict de simplicité de la forme.

2.2. Que penser de la notion de difficulté linguistique ?

Le problème qui se pose à un auteur ou à un professeur qui construit son cours est celui du dosage entre **progression linguistique** (prise en compte d'une difficulté grammaticale ou syntaxique) et **regroupe-**

ments fonctionnels. Les formes les plus usuelles permettant la communication ne devraient pas être sacrifiées.

Alors, comment concilier les deux ? Il faut d'abord se débarrasser de tout *a priori* sur la difficulté. Si on ne tient pas compte du contexte dans lequel les formes et les sens seront perçus, on se condamne, par excès de prudence, à gommer toute authenticité dans les dialogues ou textes qui constituent les données de départ. En effet, on oublie dans ce cas que présenter des éléments linguistiques dans une situation marquée par l'affectivité des locuteurs assure presque certainement une bonne perception des formes et des sens. Il y a là un fait sous-estimé, et pourtant souligné par les chercheurs qui travaillent sur la mémoire : on mémorise mieux un élément lorsqu'il est lié à une situation où l'affectivité est impliquée et l'intonation prépondérante, que quand il faut faire appel à l'analyse du système linguistique, qui ne constitue en aucun cas une priorité pour les débutants.

Sur le plan strictement linguistique, pour être à même de juger la difficulté d'un aspect grammatical, il faut naturellement considérer la distance entre la L. M. et la L. C. (*cf. chapitre 1, 3.1*). Il faut également considérer deux ordres de difficultés : les difficultés d'ordre *morphologique* et celles d'ordre *sémantique*. Les premières se traitent par l'observation et exigent un effort de mémorisation. Par exemple, reconnaître que « saches » et « sachiez » sont des formes subjonctives du verbe « savoir ». Pour un locuteur d'une langue latine, cette difficulté n'est que morphologique. Il connaît l'emploi du subjonctif qui est le même dans sa L. M. Il n'a donc pas à comprendre ce qu'il sait déjà. Il doit simplement faire un effort d'attention et de mémorisation.

Par contre, la phrase : « Je n'aime pas le vin, je bois toujours de l'eau » pose un problème sémantique important à un anglophone, parce que dans sa langue, il n'y a pas de marque pour exprimer l'idée générique (le vin en général) ni pour exprimer l'idée de quantité non précisée indiquée en français par le partitif (boire de l'eau, manger de la viande). Il est habitué à penser : « I don't like wine, I drink water. » Il doit donc comprendre quel sens se cache derrière ces formes, sinon il ne saura jamais les utiliser à bon escient. C'est pourquoi la grammaire notionnelle ou sémantique est indispensable pour expliquer ce type de difficulté. Nous reviendrons sur ces aspects dans la section consacrée à la grammaire (5, 5.2 : *Comment enseigner la grammaire d'une langue étrangère*).

• La **difficulté d'une forme** n'est donc pas un absolu, elle est relative à la langue de départ, et les difficultés se traitent selon qu'elles sont morphologiques ou sémantiques. Il existe des moyens de réduire les difficultés d'ordre morphologique. Le premier d'entre eux consiste à réduire les paradigmes linguistiques qu'on donne à apprendre dans un premier temps. Il n'est pas nécessaire d'apprendre dès le début les six désinences verbales qui correspondent aux six personnes de la conjugaison. Dans les premières étapes de la communication, il suffit de connaître les formes verbales qui sont utilisées avec le « je », le « tu » et le « vous » de politesse. Les autres personnes seront enseignées plus tard, quand seront abordés la description de personnes ou d'objets et le récit qui nécessitent, eux, l'emploi de la troisième personne. Dans les pratiques de l'approche communicative, on apprend facilement ces formes lorsqu'on les réutilise dans des jeux de rôles. Si on oblige les étudiants à mémoriser trop tôt, à force d'exercices, trop de formes différentes, on surcharge leur mémoire et on les démotive. Il faut rappeler que le français est une langue à morphologie lourde et qu'un objectif raisonnable de progression devrait être de fragmenter la masse des difficultés morphologiques pour les faire acquérir « en douceur ».

• Quant aux **difficultés sémantiques**, elles sont considérablement réduites si on les traite par le sens, c'est-à-dire si on enseigne la notion que recouvre la forme. On ne peut partir du principe *a priori* qu'un point de grammaire est plus facile à aborder qu'un autre, par exemple que le subjonctif est plus difficile que l'indicatif. Cela n'est vrai que pour les locuteurs d'une langue qui ne possède pas de mode équivalent et qui ne marque pas la distinction entre action réalisée et action virtuelle, c'est-à-dire souhaitée, espérée, attendue. Pour un locuteur d'une langue latine, l'idée véhiculée par le subjonctif est une évidence, la morphologie varie d'une langue à l'autre, mais la règle sémantique est la même. Le subjonctif reste le mode du virtuel.

• Les **difficultés syntaxiques**, elles, peuvent être innombrables. Plus on lit, plus on a de chances de s'approprier une syntaxe efficace. Mais quand on rencontre ces difficultés en classe de langue, pourquoi ne pas les traiter par la mémoire, et le contexte affectif qui, on le sait, est primordial ? Certaines phrases peuvent s'apprendre par cœur et servir de référence à des problèmes syntaxiques délicats, lorsqu'elles sont bien choisies.

« Longtemps, je me suis couché de bonne heure », la célèbre phrase qui ouvre *À la recherche du temps perdu* de Marcel Proust, pourrait servir à la mémorisation du pronominal. « La vie ne vaut rien... rien ne vaut la vie » (Alain Souchon) rappellerait l'emploi du pronom « rien ». « Bonjour, bonjour les hirondelles, y'a de la joie » (Charles Trénet) pourrait renforcer la mémorisation des partitifs. La grammaire passe mieux quand elle est enrobée d'affectivité.

En résumé, pour élaborer une progression, il faut reconsidérer la notion de difficulté et son traitement, ainsi que les notions de simple et de complexe. Ces notions sont voisines, puisque le principe admis est que le simple est plus facile que le complexe. On ne peut pas *a priori*, c'est-à-dire en dehors de toute situation particulière d'apprentissage, déterminer ce qui est simple, ce qui est complexe, ni assimiler le facile au simple.

Le critère principal dans l'élaboration d'une progression devrait donc être l'intérêt des contenus et leur adéquation aux objectifs poursuivis. La notion de difficulté linguistique est toute relative, nous l'avons vu. Il faut savoir y faire face, mais ne pas lui sacrifier l'intérêt des contenus.

2.3. Que penser des « progressions minimales » ?

J'appelle « progression minimale » un type de progression qui a les faveurs de nombreux auteurs de manuels de FLE et qui consiste à fournir des données « claires et structurées » autour d'un élément grammatical très précis dans le but d'acquérir des savoir-faire « définis et identifiables » (les adjectifs cités entre guillemets sont extraits de la préface de la méthode *Accord*, Didier, 2000).

Ces progressions sont destinées à être utilisées selon le découpage horaire des établissements d'enseignement, et les activités sont minutées de manière à satisfaire aux exigences du découpage horaire. L'idée est séduisante. Elle permet de contrôler exactement les acquis puisqu'ils sont très précisément définis pour chaque unité en termes de structures et de grammaire, donc facilement vérifiables. À l'unité 3 du dossier 2, par exemple, on peut vérifier que le passé composé employé avec *être* et *avoir* est acquis, y compris à la forme négative, avec un minimum de règles morphologiques, puisqu'on précise à l'étudiant qu'« avec avoir, en général, le participe passé ne s'accorde pas ». Les exemples sont :
– Aujourd'hui je ne suis pas allé(e) à la banque.
– Nous n'avons pas téléphoné à Charles.

Une remarque s'impose pourtant. Une progression de ce type est une progression grammaticale tout à fait justifiable. Les structures sont enseignées et acquises « pas à pas ». Le nombre des exercices est très élevé. Tout est fait pour que l'étudiant acquière une compétence linguistique de production minimale, sans perte de temps.

Mais l'on peut se poser la question suivante : y a-t-il adéquation entre la compétence visée par les apprenants et la compétence que cette méthode permet d'acquérir ? Si l'apprenant est captif (au niveau secondaire) ou s'il veut réussir l'examen A1 du DELF – ce qui est proposé par les auteurs –, la méthode est sans doute adéquate puisque la compétence de l'étudiant ne sera évaluée que dans le milieu scolaire, et les exigences linguistiques des instances évaluatrices seront atteintes. Mais si l'étudiant a pour objectif l'acquisition d'une compétence communicative qu'il veut exercer, même de manière partielle, en dehors du milieu scolaire, en situation de communication avec des locuteurs de la L. C., il ne sera pas à même de comprendre ses interlocuteurs, qui ne manqueront pas d'utiliser des phrases, un lexique, des expressions qu'il n'aura jamais rencontrés. En effet, dans cette méthode, les données d'entrée sont équivalentes aux activités de sortie. La compétence de communication suppose une certaine capacité à comprendre qui dépasse de beaucoup la capacité à produire, dans les premiers temps de l'apprentissage. On ne peut pas communiquer sans comprendre et le niveau de compréhension ne peut être réduit à celui de production.

Il y a donc dans le choix d'un type de progression minimale un choix de compétence visé qui peut être accepté par l'étudiant mais qui devrait être clairement précisé dès le départ, afin d'éviter des malentendus. Même après un important curriculum grammatical qui peut s'étaler sur des années, rien ne garantit à l'étudiant qui part dans le pays où est parlée la L. C. qu'il sera à même de comprendre ses interlocuteurs. Je ne m'étendrai pas sur cette situation qui n'est que trop répandue : pour comprendre et parler une langue avec une certaine plausibilité, la plupart des élèves du secondaire français sont obligés d'effectuer des séjours linguistiques en pays étrangers.

Il ne s'agit pas de déplorer ce fait, encore moins d'en accuser les enseignants qui se « débrouillent » du mieux qu'ils peuvent avec les outils dont ils disposent. Il s'agit plutôt de se demander si cette situation est inévitable, c'est-à-dire si une autre conception des données de départ, mais aussi de la progression, pourrait améliorer la compétence de compréhension des élèves et leur capacité de production future. Nous répondrons à cette question dans la section 1 du *chapitre 3*.

Pour atteindre un objectif de compréhension de la L. E. en situation réelle de communication, deux conditions sont exigées :
– une progression qui expose l'étudiant à un important volume de données ;
– un type d'enseignement axé au départ sur la compréhension plutôt que sur la production.

Ceci relativise la notion de progression : le « progrès » dans la langue n'est pas seulement un progrès dans les connaissances grammaticales c'est aussi un progrès dans la compréhension des discours produits dans cette langue – textes écrits, documents culturels et médiatiques, paroles spontanées des locuteurs.

2.4. Peut-on se passer de progression ?

La question mérite d'être posée, et discutée, dans le cas d'apprentissage de langues voisines (L. V.) puisque, nous l'avons vu, la perception et la compréhension du lexique et de la grammaire sont grandement facilitées par les ressemblances existant entre la L. M. et la L. C.

Mais la notion de progression ne s'applique pas seulement à la langue (progression grammaticale), elle s'applique aussi au discours. On peut estimer que le discours standard d'une langue devrait être présenté avant les discours spécialisés ou les discours sociologiquement marqués (registres familiers ou argotiques, syntaxe et modes d'expression appartenant à un groupe social particulier).

Dans le cas des L. V., une progression grammaticale n'est pas nécessaire. Elle est même un obstacle à l'autonomie de l'apprenant à qui on ôte la possibilité de découvrir par lui-même des sens et des règles, et de gérer son apprentissage sans dépendre constamment de l'enseignant. Des techniques existent pour le rendre indépendant, nous le verrons plus tard. Mais une **progression discursive** est nécessaire : présenter au départ des données qui constituent le discours standard de la L. C. et réserver pour les étapes ultérieures les modes discursifs socialement marqués. La question est souvent posée de savoir « quel français enseigner ? » Si on la pose ainsi, elle est mal posée. On devrait plutôt se demander : « Faut-il enseigner des normes autres que la norme standard ? Et si oui, comment les enseigner ? » Un apprenant débutant ne peut évidemment différencier les normes d'une langue. C'est pourquoi il doit d'abord être exposé à des régularités appartenant à la norme standard pour pouvoir en déduire les règles et pour éviter de mélanger les registres dans son discours. Mais l'enseignement de la communication doit permettre à l'étudiant de reconnaître et de différencier les normes. Après un certain nombre d'heures d'enseignement, il doit être exposé à des types de discours sociologiquement marqués, de manière à pouvoir les reconnaître mais non les reproduire, car ce type de compétence exige un bon niveau d'apprentissage.

On peut également se demander si la notion de progression s'applique aux « regroupements fonctionnels » qui, nous l'avons vu, depuis les débuts de l'approche communicative, constituent des bases de données pour l'apprentissage, dans la plupart des cours de langue. Les données qui sont regroupées sur des bases fonctionnelles au sens large du terme peuvent constituer une progression en spirale. C'est-à-dire qu'au début, on enseigne, par exemple, la description d'objets et de personnes de manière très simple, dans des situations de communication où elles sont nécessaires. Ensuite, la description est reprise dans une étape ultérieure et enseignée à travers des textes authentiques, plus complexes, empruntés à divers genres : la publicité, les articles de la presse orale ou écrite, le roman, les sciences humaines, etc.

Il en est de même pour le récit ou l'argumentation. Des progressions en spirale peuvent ainsi être élaborées. Elles sont très motivantes pour les élèves car elles leur permettent de mieux cerner les aspects linguistiques des textes, d'établir des comparaisons entre les différents genres et les différents acteurs : quelles sont les caractéristiques de la description publicitaire, de la description en géographie, en sociologie, de la description chez Robbe-Grillet, chez Balzac – il y aurait sans doute une progression à établir entre ces deux auteurs. De même, comparer un récit de Camus et un récit de Flaubert ou de Stendhal sont des tâches stimulantes.

On le voit, en dehors des bases grammaticales, il existe des bases à explorer pour élaborer des progressions qui ont, de plus, l'avantage de permettre à l'étudiant de se constituer un capital culturel en même temps que linguistique.

On a tendance à considérer, de nos jours, l'enseignement des langues comme devant être celui de la langue et de la culture, inséparable de la langue. Il est dommage que trop d'attention portée à la grammaire détourne de l'apprentissage culturel. Et cet aspect de l'enseignement commence dès le moment où on se préoccupe de progression. Le choix d'une progression est un acte d'une très grande importance, car il conditionne – bien que souvent de manière inconsciente – le type de compétence que l'on s'efforcera d'enseigner.

3. Penser l'évaluation

L'évaluation est un aspect incontournable de la construction d'un cours. La conception qu'on a de l'évaluation et de la progression donne l'image de la compétence que l'on attend d'un étudiant.

Si elle est conçue comme une comptabilité des « fautes » de l'étudiant, elle ne devrait pas s'appeler « évaluation », mais « contrôle linguistique ». Le « contrôle » ne donne en aucun cas la mesure des capacités de l'étudiant qui, elles, ne peuvent être évaluées qu'en termes de savoir-faire : savoir comprendre (quoi ? quels types de documents ?) et savoir produire (quoi ? dans quelles situations ?). Concevoir l'évaluation signifie très précisément concevoir quels aspects des compétences seront évalués à l'oral et à l'écrit, comment, quand et par quel procédé chaque aspect de la compétence sera quantifié.

En fonction des objectifs préalablement définis dans chaque cas particulier, les aspects à évaluer concernent bien évidemment la capacité à comprendre l'oral et l'écrit et la capacité à parler et à écrire.

3.1. Évaluer la compréhension

Dans une perspective communicative, il ne suffit pas de se faire une idée du niveau de compréhension orale des étudiants à partir de leur capacité à comprendre ce que leur dit l'enseignant. Un réel test de compréhension doit porter sur des aspects différents et naturels des discours produits dans la L. C. : conversations quotidiennes, médias (radio et télévision), conférences, cinéma, presse écrite, ouvrages scientifiques ou littéraires, selon les objectifs poursuivis. Évaluer la capacité à lire signifie évaluer la capacité à extraire des informations d'un texte et le temps nécessaire à cette opération, puisqu'il ne s'agit pas de traduire, mais de lire.

Mettre en place une évaluation de ce type suppose, en amont de l'évaluation, un entraînement systématique à l'écoute et à la lecture de textes authentiques choisis, non pour leur intérêt linguistique, mais pour leur intérêt culturel et leur adéquation aux objectifs poursuivis. Répétons-le, il s'agit de pallier une insuffisance de l'enseignement des L. E. où les efforts portent plus sur l'apprentissage de la parole que sur celui de la compréhension. Comme si on pouvait parler à quelqu'un qu'on ne comprend pas ou comprendre une langue-culture sans avoir directement accès aux textes qui la véhiculent. En mettant les étudiants dans l'obligation de produire trop tôt, on les oriente naturellement vers un apprentissage grammatical, et les documents qu'on leur fournit sont presque toujours considérés comme des documents prétextes à une étude linguistique.

Une autre raison, aussi importante, de redonner sa place à l'apprentissage de la compréhension et à son évaluation, c'est que, de nos jours, des études montrent qu'une grande partie de la mémorisation ayant lieu lors de l'apprentissage d'une nouvelle langue se fait de manière implicite, subconsciente, par la fréquentation répétée des textes. Proposer des activités de compréhension qui imposent à l'étudiant de retourner au texte, d'y rechercher des informations, est une manière d'apprendre la langue dans son fonctionnement sans que l'attention soit nécessairement portée sur la structure. Une recherche de sens, en réalité, est l'occasion d'intérioriser des formes (*cf.* le texte de Michel Paradis, *Documents annexes*, p. 144).

On le voit, décider d'évaluer la compréhension parce que c'est la compétence de base de toute acquisition d'une L. E. est un acte pédagogique important, qui réoriente les différentes activités d'une classe de langue.

Quelques pistes pour évaluer la compréhension

Je donnerai ci-dessous quelques pistes pour évaluer cette compétence et je renvoie, pour un développement de la notion d'évaluation, à la contribution de G. Barbé, « Itinéraire pour construire des activités d'évaluation en FLE » (*cf. Documents annexes*, p. 145).

■ Évaluer la compréhension de l'écrit

Il paraît important de concevoir cette évaluation en fonction des projets de lecture possibles de l'étudiant et de son niveau d'apprentissage.

Quels peuvent être les projets de lecture d'un étudiant d'une classe de langue orientée vers l'autonomie et la communication ?

Cette question pose le problème de la difficulté d'entrée dans le texte. Le projet sera nécessairement influencé par les obstacles à la perception immédiate du contenu du texte et par sa complexité. Il dépendra donc du niveau d'apprentissage.

On peut envisager, en fonction de ces niveaux, différents projets :

– un projet *fonctionnel / pragmatique* : lire un texte pour agir. Quelques exemples : lire une recette de cuisine, un mode d'emploi ou des descriptions de films pour choisir celui qu'on veut aller voir, ou encore la quatrième de couverture ou quelques extraits d'un livre afin d'en décider l'achat ;

– un projet *sémantique*, orienté vers une tâche : lire un texte pour en dégager les idées, en comprendre l'information, parce que le lecteur est intéressé et que sa lecture sera suivie de commentaires, appréciations, critiques ou encore de comptes rendus ou résumés afin de pouvoir transmettre ses impressions dans une discussion. Ce type de projet est une lecture orientée vers une tâche communicative ;

– un projet *d'apprentissage* : lire un texte pour comprendre comment il est construit. Il peut s'agir d'un slogan, d'un éditorial, d'un article satirique, d'un raisonnement argumenté, etc. La lecture, dans ce cas, doit permettre de dégager des modèles de discours et d'organisation de textes.

Ces différents projets de lecture peuvent exister à divers niveaux d'apprentissage, mais ils comporteront des degrés variables de complexité selon les niveaux.

Quelles pistes peut-on proposer pour l'évaluation de la compréhension en fonction de ces différents projets ?

• Le projet fonctionnel / pragmatique

Pour vérifier la capacité de mise en rapport d'un texte et d'une action, on peut proposer quelques descriptions de films, extraits d'un programme de télévision ou de cinéma, et demander quel film devra être choisi si l'intention est d'aller voir une œuvre comique, d'aventure, romantique, d'anticipation, etc.

La lecture de recettes de cuisine pourra être mise en rapport avec la nécessité de suivre un régime ou de préparer un repas de fête.

Ce type d'évaluation, nous l'avons dit, pourra mettre en jeu des capacités de lecture plus ou moins grandes selon la caractéristique des descriptions proposées. Choisir un livre en fonction de critères très précis, tels que l'intérêt scientifique qu'il présente, sa qualité littéraire ou son orientation politique, nécessite un bon niveau de lecture.

Pour acquérir cette capacité, un entraînement sera nécessaire en classe de langue, et pour beaucoup, il offrira une forte motivation.

• Le projet sémantique

Dans le cas de *documents courts*, on pourra vérifier la perception de la fonction et du thème.

– La perception de la fonction : s'agit-il d'une note de service, d'une mise en garde, d'une publicité, d'un faire-part... ?

– La perception du thème : quel document parle de la santé, de la sécurité, de voyage, d'emploi, etc. ?

Pour les textes de *longueur moyenne*, il s'agira d'abord de vérifier la compréhension globale.

Cela peut se faire après une seule lecture en temps limité, par le moyen de deux ou trois questions très générales.

La vérification de la compréhension détaillée devra porter sur l'exactitude des informations perçues par l'étudiant. Elles pourront être mises en relation avec des paraphrases, avec des photos ou des dessins si elles sont concrètes. Les opinions, attitudes et intentions du scripteur pourront être dégagées par des questions bien ciblées demandant d'indiquer si elles correspondent à la réalité du texte ou non.

La capacité à discriminer la meilleure synthèse d'un texte peut également être vérifiée sous la forme de deux résumés proposés à l'élève, dont l'un rend compte du texte plus adéquatement que l'autre, et entre lesquels il devra choisir.

• Le projet d'apprentissage

La vérification de la capacité à saisir les procédés qui donnent sa spécificité au texte est surtout intéressante lorsque l'apprentissage de la production écrite fait partie des objectifs de l'étudiant. Elle est indispensable à l'acquisition du « savoir construire » un texte et il est donc intéressant d'y avoir recours dès que le niveau de l'étudiant le permet.

Elle pourra consister en différents types de repérages liés à l'organisation et à l'écriture du texte.

Pour l'organisation du texte, elle consistera essentiellement à demander aux étudiants d'élaborer des « schémas de contenu du texte » ou « grilles de lecture » de ces textes (*cf. chapitre 4* et *Documents annexes* p. 134 : « Grille de lecture de deux argumentations sur un même sujet »). On pourra ainsi leur demander de comparer des argumentations différentes sur un même sujet et d'en dégager les intentions sous-jacentes.

En ce qui concerne l'écriture, il s'agira d'être capable de repérer, à travers les modes d'expression, les spécificités du texte : est-ce un texte de journaliste « grand public », un texte scientifique, une rubrique « coup de cœur », un texte polémique, etc. ?

On pourra également demander aux élèves (et cela devrait faire partie de l'apprentissage culturel) de reconnaître, parmi les textes qu'on leur propose, des époques de la littérature, des genres littéraires : Mme de La Fayette ou Stendhal ? Balzac ou Flaubert ? Robbe-Grillet ou Marguerite Duras ? Baudelaire ou Verlaine ?

Les choix des textes devraient dépendre, bien sûr, des intérêts et objectifs des étudiants.

■ Évaluer la compréhension de l'oral

La spécificité de l'oral, perception auditive et caractère non récursif de l'écoute, impose la capacité à discriminer finement toutes les marques, sons, courbes intonatives, pauses et accents d'insistance, pour pouvoir saisir rapidement les informations dans la succession de la chaîne sonore. Pour cela, il faut savoir sélectionner les indices porteurs de sens et anticiper à partir de ce qui a été compris. Les pratiques de classe doivent y entraîner les élèves. L'entraînement essentiel se fait dans la phase de compréhension en classe de langue (*cf. chapitre 3*). On peut y ajouter des exercices de compréhension orale que les étudiants peuvent pratiquer chez eux.

La vérification de la compétence devra porter sur des segments de discours n'excédant pas deux (ou trois) minutes, étant donné la faible capacité de rétention de la mémoire auditive à court terme.

On pourra procéder, comme pour l'écrit, en évaluant d'abord la compréhension globale, puis la compréhension détaillée, en faisant réécouter le document, par la méthode des paraphrases ou du questionnement.

3.2. Évaluer la production

Évaluer la capacité d'un étudiant à parler (production orale) et à écrire (production écrite) exige en premier lieu que celui-ci soit placé dans une situation authentique – ou quasi authentique – de production.

En ce qui concerne l'écrit, la situation scolaire va de soi, en quelque sorte, à condition qu'on demande à l'étudiant de produire un discours et non des phrases à compléter ou à transformer. Par discours, on entend généralement dans le cadre de l'approche communicative et selon le niveau d'apprentissage : une lettre (amicale ou formelle) de remerciements, de réclamation, un compte rendu d'expérience, un résumé, une correspondance avec des internautes, un article pour un journal interne de l'établissement d'enseignement, etc. Dans le cadre de l'enseignement secondaire ou supérieur des langues, on produit en général des récits, des commentaires ou des dissertations. La situation d'écrit est une situation scolaire.

Il n'en est pas de même de la situation de production orale. Si on se situe dans le cadre de l'A. C., la compétence de production orale est définie comme une compétence en situation sociale de communication, c'est-à-dire avec les locuteurs de la L. E., dans les différents lieux et situations où la langue est parlée. Cette situation est à visée informative et communicative.

La situation scolaire est également une situation de production orale, mais les échanges enseignants-enseignés ne sont pas des échanges à visée sociale et communicative, mais didactique. Il s'agit d'un type d'échange transitoire, où la finalité n'est pas l'échange d'information mais l'« échange prétexte » à l'apprentissage. Cette situation ne saurait donc convenir à l'évaluation d'une compétence sociale de communication.

Pour évaluer l'étudiant, il faut s'efforcer de créer des situations d'échanges, la plupart du temps simulées, mais se rapprochant le plus possible d'une situation authentique. Le jeu de rôles en est une. En distribuant des rôles, et en demandant aux étudiants de s'exprimer par groupes de deux ou trois selon un certain canevas, on peut mesurer leur compétence de production communicative.

On peut également évaluer la compétence orale dans un entretien entre enseignant et étudiant. À d'autres niveaux, on pourra demander aux étudiants le récit d'une expérience vécue, la défense d'un point de vue, l'exposé d'un problème, etc. À ce niveau d'apprentissage, l'institution scolaire ne manque pas d'expérience. Là où il faudra innover, c'est pour l'évaluation de la compétence communicative de niveau élémentaire ou moyen.

Comment évaluer la production orale ?

Une évaluation juste, nous l'avons dit, ne passe pas par une comptabilisation des fautes. En effet, si on ne s'en tient qu'aux fautes, on néglige l'aspect positif de la performance. Le même étudiant peut faire des fautes grammaticales, des fautes de registre, mais il peut aussi avoir un lexique varié, utiliser des images, assembler des mots de manière créative, avoir une bonne prononciation. Il peut marquer des pauses en parlant et des accents d'insistance qui rendent la parole plus compréhensible, malgré les fautes de grammaire. Il ne serait donc pas juste de ne comptabiliser que les fautes.

C'est pourquoi on doit considérer séparément les différents aspects de la production et évaluer chacun d'entre eux.

On peut considérer que les aspects impliqués dans la production sont :
– des aspects *linguistiques*
  • aspects phonétiques (phonèmes et intonation linguistique) ;

ابه

• aspects lexicaux ;

• aspects grammaticaux, ou morphosyntaxiques (place des éléments dans la phrase, terminaisons verbales, genre des noms, présence des articles, prépositions, etc.).

– des aspects *pragmatiques* (capacité à transmettre l'information de manière adéquate)

• la fluidité (les mots sont enchaînés à une certaine vitesse selon un schéma intonatif correct) ;

• les registres (on connaît les marques d'un registre neutre, familier, distancié). Il doit être stable et adapté à la situation ;

• l'enchaînement (la capacité à remplir les vides, à reformuler si nécessaire, à comprendre l'interlocuteur et à lui répondre de manière adéquate).

– des aspects *expressifs*

• l'intonation expressive (pauses, accents d'insistance) ;

• l'utilisation d'images ou de figures de style (rendant le discours plus vivant, efficace) ;

• la posture et la gestuelle (qui doivent être naturelles et faciliter la perception du message).

Les modalités d'évaluation de la production orale et écrite

La manière la plus simple et la plus juste d'évaluer une **production orale** est la suivante :

– l'enregistrer pour pourvoir la réécouter ;

– pratiquer une double évaluation (à l'aide d'un collègue) ;

– situer chacun des aspects préalablement définis sur une échelle de 1 à 5.

On peut décider de valoriser différemment chacun des aspects selon les capacités qu'on veut promouvoir. Si l'on veut mettre en avant l'excellence linguistique, on peut noter ainsi :

• Aspects *linguistiques* : 15 (phonétique : 5 – lexique : 5 – grammaire : 5) ;

La grammaire peut paraître « dévalorisée », mais il ne faut pas oublier que ce qui permet le mieux de communiquer en début d'apprentissage, c'est le lexique et la phonétique.

• Aspects *pragmatiques* : 10 (fluidité : 4 – registres : 3 – enchaînements : 3). La fluidité va souvent de fait avec les enchaînements. Le registre peut ne pas être pertinent. Dans ce cas, on remonte la note d'un tiers ;

• Aspects *expressifs* : 5 (intonation – figure de style – gestuelle).

Les trois éléments n'ont pas à être présents chez un même interlocuteur. La présence efficace d'un seul élément peut être suffisante pour justifier la note 5. Ne pas oublier non plus que les marques gestuelles sont liées à la personne et à la culture. Si elles sont absentes et que la communication est satisfaisante par ailleurs, l'étudiant ne doit pas en être pénalisé.

Ce type d'évaluation permet un diagnostic de la compétence. De la compétence linguistique d'abord : selon les langues, selon la personnalité et les problèmes vécus par chacun, des profils différents peuvent être clairement définis.

Un étudiant peut avoir acquis un lexique important (5), une syntaxe approximative, et faire peu d'efforts pour fixer la morphologie (2), parler de manière assez peu claire car certains phonèmes ne sont pas en place (2). Mais il a une excellente fluidité et fait de nombreux enchaînements, ce qui permet de le comprendre malgré ses fautes (10). Enfin, il marque les pauses, utilise une intonation expressive et fait des rapprochements insolites de mots (5). Il totalisera donc 24 points sur 30.

Un autre étudiant peut totaliser environ le même nombre de points mais avoir un profil tout à fait différent. Excellent en grammaire (5) et en phonétique (5), assez bon en lexique (4). Au niveau pragmatique, il est dans une bonne moyenne (6) car il manque un peu de fluidité et enchaîne assez lentement. Il est également moyen en expressivité (3). Il totalise donc 23 points sur 30.

Si ces deux élèves méritent environ la même note, cela ne veut pas dire qu'ils ont le même niveau : chacun d'entre eux devra porter son effort sur des aspects différents de l'apprentissage. Le premier est un bon communicateur, il utilise le lexique en priorité, car sans lexique on communique mal, mais il a négligé la grammaire et la phonétique. Le second est un bon linguiste, mais il néglige la communication. Dans un enseignement classique, il serait le seul à être considéré comme un bon élève.

Évaluer la compétence de production d'un élève ne consiste pas à évaluer sa seule compétence linguistique.

Pour évaluer la compétence de **production écrite**, on peut transposer la plupart des paramètres utilisés pour évaluer l'oral dans une grille qui aurait les mêmes grandes entrées.

• Aspects *linguistiques*
Le lexique et la morphosyntaxe peuvent être réutilisés tels quels. La phonétique pourra être remplacée par la rubrique « présentation du texte et / ou orthographe ».

• Aspects *pragmatiques*
À la place de la rubrique fluidité, on pourrait avoir « organisation du discours incluant les aspects logico-discursifs et les enchaînements du texte », c'est-à-dire la hiérarchisation des informations et la cohérence. Chaque type de discours a, bien entendu, une organisation différente, qu'il soit descriptif, narratif ou argumentatif.

• Aspects *expressifs*

À l'expressivité du discours oral correspond dans le discours écrit la recherche stylistique lexicale (métaphores, images) et syntaxique (procédés expressifs de la syntaxe). Selon les besoins du cours, cette rubrique pourrait être notée sur 5 ou 10.

Pour résumer, les opérations didactiques qui sous-tendent l'élaboration d'une unité d'enseignement sont les suivantes :

La sélection de **données** prioritairement textuelles (documents oraux et textes écrits) organisées en une certaine **progression** qui peut être cyclique, dont l'**appropriation** fera l'objet d'une **évaluation**.

Les **données** doivent être adaptées aux objectifs des apprenants et négociées avec eux dans la mesure du possible. Elles doivent être importantes en volume, dépassant le niveau de production attendu, afin de fournir un entraînement à la compréhension. Les aspects fonctionnels et communicatifs ne doivent pas être sacrifiés à la grammaire et ils doivent présenter un intérêt culturel au sens large du terme.

La **progression** doit être adaptée au caractère proche ou lointain de la L. C. Dans le cas d'une langue voisine, la progression linguistique doit être subordonnée à la progression discursive qui est la seule nécessaire. Dans le cas de l'acquisition d'une langue lointaine, une approche sérialiste préalable est souhaitable : repérages et analyses des difficultés d'entrée dans la langue, élaboration d'une progression adaptée au passage d'une langue à l'autre.

L'**évaluation**, qui ne saurait en aucun cas être confondue avec le contrôle linguistique aboutissant à une note, doit permettre de situer sur une échelle de valeur les différents niveaux de performance atteints par l'étudiant en linguistique et phonétique ainsi qu'en communication.

L'**appropriation** n'a pas encore été discutée, elle fait l'objet du *chapitre 3*.

3

LE DÉROULEMENT
DU COURS

Dans ce chapitre, je décrirai les grandes lignes d'un déroulement de cours possible, correspondant à une « chrono-logique » d'apprentissage : il y a un avant et un après dans l'ordre des opérations par lesquelles on acquiert la pratique d'une langue. Certes, chacun pourra revendiquer sa propre logique, ce qu'il considère comme cohérent et efficace, ou encore choisir un déroulement qui ne répond pas nécessairement à une logique parce qu'on « n'y croit pas » ou parce que « personne ne sait comment s'apprend une langue. »

Il semble cependant que si on se situe à un niveau très général de déroulement, le besoin d'une certaine logique pourra être ressenti par tous. Il vaut mieux avoir compris des phrases pour les mémoriser, il faut en avoir mémorisé un certain nombre pour comprendre et pour parler, et il est préférable d'avoir compris des textes dans leur ensemble plutôt que de simples énoncés, car tout énoncé s'inscrit dans un contexte. Enfin, plus on a compris et mémorisé d'énoncés, plus on a de chances de pouvoir prendre la parole pour s'exprimer en son propre nom et pas seulement pour répondre à une question.

Dans quelle alternative se trouve donc un professeur disposant d'une certaine liberté de choix dans l'élaboration de son cours ?

Ou bien il ressent le besoin d'un questionnement, parce que conscient de l'obligation de résultat, il veut pouvoir comparer des pratiques, en évaluer les résultats et en tirer des conclusions. Ou bien il subit les facilités de ce que certains appellent le « prêt-à-penser » et il n'éprouve pas le besoin de questionner les pratiques qu'on lui propose. Il n'a pas encore pris conscience de la diversité des situations et des possibilités des individus et préfère s'en tenir à une méthode prétendument sûre et convenant à tous.

Pour trouver sa propre autonomie, il suffirait sans doute que le professeur ose essayer diverses techniques, qu'il les compare et qu'il en tire des conclusions. C'est dans cet esprit que je propose ici une démarche suffisamment générale pour que chacun l'adapte à ses besoins et puisse réaliser un projet d'enseignement en toute connaissance de cause. La principale caractéristique de cette démarche est sans doute une notion qui nous est apportée par les chercheurs qui étudient les aspects cognitifs de l'apprentissage des langues. Elle pourrait se résumer en une phrase : lorsque l'étudiant porte attention au message, c'est-à-dire au sens, au contenu des textes, et lorsqu'on lui donne l'occasion d'exprimer une intention de communication personnelle, il se trouve dans la situation la plus apte à la motivation et la plus favorable à l'apprentissage (*cf.* l'extrait de Michel Paradis, *Documents annexes* p. 144).

Si l'on garde ce phénomène présent à l'esprit, il doit pouvoir servir de fil conducteur à l'organisation d'un cours et permettre d'écarter nombre de pratiques trop lourdement axées sur l'apprentissage de la forme.

Quoi qu'il en soit, l'enchaînement logique des opérations d'apprentissage me paraît pouvoir se résumer ainsi :

Compréhension ⇔ repérages → mémorisation → production.

Ces opérations ne sont pas nettement séparées, elles peuvent être concomitantes : on comprend et en même temps on repère des mots ou des segments. À force de réécouter ou de relire, on mémorise certains d'entre eux, on peut même les répéter à voix basse, les subvocaliser pour les mémoriser. On acquiert ainsi de manière plus ou moins consciente un capital de phrases qui pourront être réutilisées plus tard. Ces différentes opérations doivent être aidées et optimalisées par des techniques de classe. C'est pourquoi nous les examinerons séparément en les désignant du point de vue de l'enseignant par les termes suivants :

❶ Faciliter la compréhension ;
❷ Aider la mémorisation.

En effet, les tâches des enseignants qui sont persuadés de la nécessité pour l'étudiant d'effectuer ces opérations de compréhension et de mémorisation avant d'être entraînés à parler ne peuvent être que des tâches facilitatrices. Ce qu'on appelle la « centration sur l'apprenant » me paraît commencer là, par la prise de conscience de la situation d'apprentissage dans laquelle se trouve l'étudiant confronté à une nouvelle langue, c'est-à-dire quand il doit acquérir des savoir-faire et non des connaissances. On ne peut pas assimiler – ce que l'école fait encore trop souvent – l'apprentissage des mathématiques, de l'histoire et celui d'une langue étrangère. L'étudiant a déjà la pratique d'une langue, il doit transposer de nouveaux signes à la place de ceux qu'il a l'habitude d'utiliser et acquérir une nouvelle pratique qui est à la fois pratique de compréhension et de production. On ne transmet pas une pratique, on en permet l'acquisition. Si on utilise dans l'enseignement scolaire l'expression « connaissances en langue », c'est parce qu'il est orienté par des pratiques d'évaluation qui attachent plus d'importance aux connaissances linguistiques qu'aux savoir-faire.

Les termes ont leur importance : dans l'acquisition d'une L. E., des procédures doivent se mettre en place, c'est-à-dire de nouvelles façons de traiter l'information (comprendre et produire). Il ne s'agit pas de déclarer que l'on connaît tel ou tel élément linguistique, mais de le mettre en œuvre, en situation. C'est pourquoi les chercheurs spécialisés dans l'apprentissage du langage parlent maintenant de « mémoire procédurale » (qui permet de comprendre et de produire) et de « mémoire déclarative » (qui permet d'énoncer les règles ou les mots du lexique). Nous reviendrons sur ce sujet dans 2. « Aider la mémorisation ».

1. Faciliter la compréhension

1.1. Les aspects du processus de compréhension

Enseigner à comprendre, c'est-à-dire à avoir accès aux informations contenues dans des textes oraux et écrits, devrait être la première finalité pédagogique, celle du début de l'unité. Il paraît, hélas, évident que c'est plutôt rare. La plupart des textes présentés aux étudiants, du moins dans les méthodes actuelles, ont surtout été choisis pour des raisons linguistiques, dans l'idée de faire acquérir des structures de la langue organisées en progression.

Faire en sorte que le texte ne soit pas un « texte prétexte », mais un texte véritable, sinon authentique, vraisemblable, sinon vrai, intéressant par son contenu (une situation où il se passe quelque chose, un texte écrit d'où on retire des informations) est une nécessité. L'étudiant doit pouvoir y trouver non seulement des modèles linguistiques, mais aussi des modèles de communication, porteurs de sens culturels.

Enseigner à comprendre signifie donner à l'étudiant les moyens de repérer des indices dans un texte, d'établir des liens, de mettre en relation, de déduire. Cela requiert que le texte proposé dépasse largement son niveau de production, faute de quoi il n'apprendra rien.

L'erreur perpétrée en pédagogie des langues consiste souvent à instiller d'abord au goutte-à-goutte les mots et les structures nécessaires pour comprendre un texte que l'on a préalablement choisi, parce qu'on suppose que l'étudiant ne pourra le comprendre que si on lui a appris ce qu'il contenait. C'est méconnaître totalement les opérations cognitives qui sont à l'œuvre dans l'apprentissage d'une langue notamment les facultés de perception, d'analyse, d'inférence, de mise en relation, bref, ce que le linguiste A. Knapp, appelle « le détective que nous avons dans la tête[1] ».

Si on peut discuter, en fonction des situations d'enseignement, du degré et du nombre de difficultés que doit présenter un texte, on ne peut pas dire qu'il ne doit pas en présenter car alors, il n'y a pas apprentissage. Apprendre, c'est exercer les facultés dont on dispose pour franchir une étape.

Avant de décrire les pratiques pédagogiques facilitatrices, il est nécessaire d'attirer l'attention sur quelques aspects différents de la compréhension des textes.

D'un point de vue linguistique, entrer dans un texte et en saisir petit à petit les sens suppose qu'on comprenne des aspects de la langue sensiblement différents : le lexique d'une part, la morphosyntaxe d'autre part.

Les mots du lexique sont les piliers à partir desquels le sens se construit. Mais la syntaxe et la morphologie ne doivent pas faire obstacle à la reconnaissance du sens à partir du lexique, chaque langue étant un cas particulier pour un apprenant donné. La syntaxe et la morphologie peuvent constituer des obstacles au sens (langues lointaines), être construites de manière similaire (langues voisines) ou encore peu marquées bien que différentes (l'anglais). Si elles posent des problèmes, ils doivent être résolus le plus tôt possible, mais uniquement dans l'optique de la compréhension et non dans celle de la production. La syntaxe doit être explicitée en premier et les aspects morphologiques doivent être traités l'un après l'autre, au hasard de leur apparition dans les textes, du point de vue de la seule reconnaissance et non au point de vue de la production. En effet, la principale motivation de l'étudiant est d'accéder au sens le plus tôt possible, et pas d'apprendre la grammaire.

Le sens pragmatique (comprendre les enchaînements et les intentions) se construit par l'observation des marques dans les textes de départ. Si les textes sont communicatifs et bien charpentés, si les marques sont évidentes, les intentions et l'enchaînement sont accessibles dans la mesure de leur caractère plus ou moins universel. L'intonation, parfois la gestuelle, y contribue.

---

1. On peut consulter à ce sujet dans De Man-De Vriendt M.-J., *Parcours et procédures de construction du sens*, De Boeck, Université 2000, le chapitre 3 : « Expliquer ou comprendre », J. Courtillon – paragraphes 3.2 et 3.3.

Entrer dans un texte oral est une opération différente et plus délicate, car elle suppose une capacité de discrimination orale. Le flux sonore, cimenté par l'intonation, ne permet pas de délimiter les mots. Les phonèmes de la L. C. peuvent être un obstacle à la reconnaissance des mots qui seraient éventuellement transparents au plan graphique. Nous y reviendrons dans les paragraphes suivants.

D'un point de vue cognitif, entrer dans ce texte suppose deux opérations différentes : reconnaître et déduire[1] (ou inférer). Si les langues sont voisines, les deux opérations peuvent être alternées assez facilement. Les mots transparents sont reconnus, d'autres sont devinés, d'autres, qui restent incompris, seront explicités en classe. La syntaxe et la morphologie sont voisines. C'est naturellement une situation idéale d'apprentissage, qui devrait être reproduite après un certain temps, dans la mesure du possible, lorsqu'il s'agit de l'apprentissage de langues lointaines. Les progressions devraient être construites de façon à donner d'abord des bases lexicales fondamentales qui sont le principal accès au sens, puis à installer graduellement des éléments morphologiques qui seraient traités progressivement. En effet, les opérations cognitives que sont la reconnaissance et l'inférence permettent d'accélérer l'apprentissage, de maintenir ou de créer la motivation et d'accéder à l'autonomie. Donc, la grammaire, en début d'apprentissage, ne doit pas être étudiée pour elle-même, mais dans la mesure où elle facilite la compréhension.

1.2. Les éléments qui aident à la compréhension

À l'oral, ce sont les éléments dits « para ou extra-linguistiques », tels que l'intonation linguistique et expressive, les pauses, les accents d'insistance, les gestes et mimiques. Ils facilitent la compréhension des modalités de la parole (l'interrogation, la négation, le doute, la surprise, l'indignation, etc.). Lorsqu'une image accompagne la parole (télévision, cinéma, méthodes de langue), elle peut apporter deux genres d'informations : une information de type référentiel (les référents des objets dont on parle peuvent être présents sur l'image) et une information de type situationnel (les locuteurs, les lieux et circonstances de la parole). Elle peut donc être facilitatrice, mais elle peut aussi détourner l'attention portée à la perception sonore vers la perception visuelle.

À l'écrit, la disposition graphique, les titres et sous-titres, les chapeaux précédant le corps d'un article aident grandement à la perception des contenus qui ont une certaine longueur. De nombreuses techniques préalables à la lecture existent et permettent de cerner plus

---

1. Au sens de « tirer une conséquence ».

rapidement les contenus d'un texte. Nous y reviendrons dans le *chapitre 4* consacré aux niveaux avancés. Ces techniques ne s'adressent pas aux débutants. Dans un premier temps, il s'agit d'exposer l'étudiant aux textes oraux et écrits, de l'aider à y pénétrer le plus rapidement possible et à acquérir la confiance en soi.

1.3. Comment procéder en classe

Après les indispensables « leçons zéro » qui introduisent le vocabulaire et les structures minimales pour saluer, se présenter, entrer en contact et comprendre quelques consignes de classe, chaque unité devrait débuter par des tâches de compréhension orale puis écrite, préalables à toute acquisition. Ces textes devraient être d'une certaine dimension (un paragraphe) et avoir les caractéristiques d'un document authentique.

Les principes pédagogiques à retenir sont les suivants :

❶ Le document doit être donné à comprendre et non expliqué ;
❷ La compréhension doit être interactive et répétée.

Le document est donné à comprendre

Le document est donné à comprendre, c'est-à-dire ni expliqué ni traduit, ceci afin de mettre l'étudiant en prise directe avec la langue. En effet, il ne pourra pas acquérir de stratégies de compréhension si on lui explique le texte. On doit en outre l'inciter à prendre le plus tôt possible l'habitude de penser dans la L. C., habitude qui activera la « mémoire procédurale » (*cf. chapitre 3, 2.1 :* « Comment mémorisons-nous ? »). Le recours à la traduction de phrases par le professeur est exclu, mais les élèves peuvent parfois être amenés à proposer des traductions de mots isolés ou de bribes de phrases pour se rassurer. Il faut leur répondre, mais ne pas les encourager.

Quelles sont les stratégies de compréhension à acquérir ?

Il s'agit essentiellement du repérage d'indices et de l'inférence. Les indices ne sont pas du même type à l'oral et à l'écrit. À l'oral, ils sont d'ordre para ou extra-linguistique, mais aussi lexical dans la mesure où la prononciation ne gêne pas la perception du sens. À l'écrit, les indices sont graphiques et le lexique peut être plus rapidement accessible. Il faut partir du principe que plus on écoute, plus on lit, plus on comprend. Cependant, des exercices aident à segmenter les mots d'une unité sonore, ou à entendre la différence entre les phonèmes dont la perception influence la compréhension (le bon vin / le bon vent). Ils ne sauraient remplacer la pratique constante et répétée de compréhension de textes authentiques. Ce sont des palliatifs. Si le professeur ne cherche pas à expliquer le sens d'un texte, les étudiants développent naturellement la faculté de repérer les indices et d'inférer. La stratégie d'inférence est fondamentale, surtout lorsqu'un texte est déjà partiellement compris. C'est pourquoi, dans le cas d'apprentissage d'une langue lointaine, la progression lexicale s'impose pour permettre l'inférence. Le professeur peut la mettre facilement en place. Si un élève demande le sens d'un mot, et si ce sens a une chance d'être déduit, c'est-à-dire deviné d'après le contexte, l'élève est encouragé à retourner au texte et à essayer de trouver lui-même le sens du mot par inférence. Étant donné ce qui précède et ce qui suit le mot, quel peut bien en être le sens ? Cela paraît vite évident aux élèves. Simplement, ils n'y avaient pas pensé. L'habitude d'inférer peut se mettre en place très vite, car c'est une disposition que chacun possède, le plus souvent à son insu. Elle instaure la confiance en soi et en sa capacité à apprendre. Toujours dans le cas d'apprentissage d'une langue lointaine, on peut demander de souligner dans un texte ce qu'on croit être les verbes, les noms, ou toute autre partie du discours. On peut ensuite demander de quels mots les étudiants voudraient connaître le sens (pas plus de 5 ou 6), ce qui met en situation d'inférence ; à partir de ce qui est compris, que peut-on deviner ? L'inférence peut également fonctionner au niveau grammatical. Certaines méthodes de langue, en particulier *Libre-Échange* (Didier 1991) comporte des exercices d'inférence grammaticale, intitulés « Découvrez les règles ».

Certains objecteront sans doute que cette façon de procéder entraîne une perte de temps mais il n'en est rien. Et ceci en raison de l'attitude plus ou moins réceptive dans laquelle se trouve l'étudiant au moment où il doit mémoriser un élément quelconque de la langue (lexique ou structure). Une découverte, qui est le résultat d'une recherche de l'étudiant, le place dans une situation plus active, et donc plus réceptive, que lorsqu'il est en situation de recevoir une information qu'il n'a pas demandée, à propos de laquelle il ne s'est pas posé de questions. D'autre part, nous verrons, dans la partie consacrée à la mémorisation, que les fréquents recours au texte assurent une mémorisation implicite. Ce qui peut paraître une perte de temps est en réalité un gain de temps.

La compréhension doit être interactive

Les stratégies de repérage d'indices et d'inférence sont naturelles. Elles sont plus ou moins présentes chez un individu donné, mais elles peuvent se développer par interactions réciproques, lorsque l'on constate comment un partenaire a repéré des indices, et compris des sens qu'on n'avait pas compris soi-même.

Après avoir entendu une fois le document ou lu le texte (dans un temps limité), les étudiants sont invités à échanger avec leur partenaire le plus proche ce qu'ils ont compris. Ce premier échange va renforcer quelques certitudes si les étudiants sont d'accord, créer des interrogations, un « suspens » s'il y a des avis opposés. À la deuxième écoute ou lecture, les attentes seront confirmées, infirmées, ou bien elles persisteront. C'est pourquoi il faut procéder à plusieurs écoutes ou lectures (3, 4 ou 5) et varier les partenaires de l'échange pour permettre à la stratégie d'inférence de se développer. Des études montrent qu'entre la première et la deuxième écoute, le taux de compréhension augmente sensiblement pour tout le monde, puis graduellement jusqu'à la quatrième ou cinquième écoute. Après quoi, un palier s'installe, une fatigue ou un désintérêt peut s'exprimer chez les étudiants. Il faut donc apprendre à gérer le nombre d'écoutes. En ce qui concerne la lecture, on peut passer plus rapidement (après deux ou trois lectures) à la mise en commun dans le groupe-classe et à l'éclaircissement des sens. Dans le cas d'un document oral, la mise en commun peut se faire à l'aide de la transcription distribuée aux étudiants, dont ils devraient simplement prendre connaissance sans s'y attarder pour en apprendre en détail les structures, du moins en début d'apprentissage, puisque la finalité est d'exercer l'oreille à la perception sonore.

Grâce à cette technique, l'étudiant se rend compte que la perception-compréhension d'une langue étrangère ne peut être que graduelle. Il ne s'agit pas de dire : « Je ne comprends rien » mais : « Quelle quantité du texte ou du document ai-je compris après une, deux, trois écoutes ou lectures ? » et de constater que la « non-compréhension » n'est pas définitive. La compréhension augmente avec la pratique du document ou du texte.

Il peut y avoir des variantes à cette technique. Dans l'apprentissage en autonomie, les textes donnés à écouter ou à lire peuvent être accompagnés de questions de compréhension simples, qui permettent à l'étudiant d'évaluer lui-même son niveau de compréhension après chaque écoute ou lecture. Les questions peuvent également servir de grille de lecture. Après les avoir consultées, l'étudiant peut anticiper les contenus du texte. Il doit y avoir des adaptations, liées à chaque situation d'enseignement. L'essentiel est d'alterner les moments de recherche et de découverte.

2. Aider la mémorisation

Pour pratiquer une langue, il ne suffit pas de la comprendre. Il faut en avoir mémorisé des séquences pour être à même de la parler ou de l'écrire.

2.1. Comment mémorisons-nous ?

Pour apprendre, nous avons à notre disposition deux types de mémoires. L'une nous sert à l'apprentissage des habiletés, c'est-à-dire des habitudes et des savoir-faire (faire du vélo, prononcer une suite de mots couramment), l'autre permet d'exprimer une connaissance, de « déclarer » ce que nous savons ou de faire revenir un souvenir. La première est appelée **mémoire non déclarative**, ou procédurale, ou encore implicite, la seconde est appelée **mémoire déclarative**, ou explicite. Leur fonctionnement est différent. Elles agissent dans des zones différentes du cerveau. La première est inconsciente, c'est un « savoir comment (faire) », la seconde est consciente, c'est un « savoir que ».

Pourquoi appelle-t-on la première mémoire non déclarative ?

Empruntons la définition à L. Squire et E. Kandel dans un article intitulé « La mémoire des habiletés » publié dans la revue *Pour la science*, (Dossier hors série – avril / juillet 2001) : « Les habiletés apprises sont insérées dans des procédures qui peuvent être exprimées par l'action. Elles ne sont pas déclaratives : il n'est pas besoin de déclarer quoi que ce soit, et il nous est même souvent impossible, même si on nous le demande, de verbaliser ce que nous sommes en train de faire. »

Autrement dit, c'est grâce à la mémoire procédurale ou mémoire des habiletés que nous sommes à même de prononcer des phrases en situation, de comprendre rapidement des textes composés de suites de mots dont nous avons assimilé les mécanismes d'enchaînement. Une habileté n'est pas une connaissance. Prononcer des suites de mots, lire et améliorer sa vitesse de lecture ne peut se faire que grâce à la mémoire procédurale, par la pratique, à force de recourir aux textes, aux documents oraux, à la parole et à l'écriture.

Est-ce à dire que la mémoire déclarative n'a pas son utilité dans l'apprentissage d'une langue ? Bien sûr que non. Mais en général, on y a beaucoup trop recours, au détriment de la mémoire procédurale.

Des expériences ont montré que l'attention et la conscience sont nécessaires, dans une certaine mesure, au début de l'apprentissage, mais qu'elles deviennent moins importantes au fur et à mesure que nous progressons. On facilite donc l'apprentissage d'habiletés linguistiques en faisant prendre conscience à l'apprenant des mécanismes de base qui ne lui paraissent pas immédiatement évidents. Mais ensuite, les habiletés s'améliorent uniquement par la fréquence d'utilisation du discours et par le recours au texte. En insistant sur des mécanismes qui semblent évidents à l'élève – dans le cas d'une L. V. ou à un niveau plus avancé de l'apprentissage –, non seulement on lui fait perdre son temps, mais on retarde l'acquisition des habiletés.

La mémoire déclarative nous permet également de nous corriger ou de combler des lacunes. Nous l'avons dit, elle nous permet de « déclarer » les connaissances que nous avons, par exemple la connaissance des règles grammaticales. Si nous connaissons par cœur la règle d'accord du participe passé, elle peut nous être indispensable pour faire un accord dont nous ne sommes par sûr. Dans la phrase suivante : « Les civilisations qui se sont succédé... », si j'applique la règle que j'ai mémorisée (connaissance déclarative), je me rends compte que « se » est un complément d'objet indirect et qu'il n'y a donc pas d'accord. Autre exemple : j'ai mémorisé « sache » comme étant le subjonctif de « savoir » mais je ne l'ai pas rencontré assez souvent dans les textes pour qu'il fasse partie de ma mémoire procédurale. Je dois donc faire appel à ma mémoire déclarative.

À ce propos, que penser des exercices à trous où l'on demande à l'étudiant de donner le subjonctif, le passé composé d'un verbe dont on donne l'indicatif ? Ils font bien sûr appel à la mémoire déclarative, mais ils ne permettent pas de s'engager dans une « procédure ». On aurait plus de chances d'obtenir l'insertion de subjonctifs dans la mémoire procédurale en demandant aux étudiants de rédiger des consignes pour réaliser un mode d'emploi personnalisé ou de donner des conseils à un ami en utilisant le plus possible de phrases commençant par : « Il faut que tu / vous... » C'est dans un processus de production personnelle qu'on peut développer la mémoire procédurale et non dans des tâches où le texte est pré-écrit. C'est pourquoi on entend souvent des professeurs se lamenter de ce que, malgré tous les exercices qu'ils font, leurs étudiants n'ont toujours pas « acquis le subjonctif ou le passé » et continuent à faire les mêmes fautes. Il faut savoir discriminer les exercices qui peuvent déclencher une habileté (le jeu de rôles en est un) de ceux qui ne font appel qu'à la mémoire déclarative.

En résumé, l'acquisition de base des savoir-faire langagiers est due à la pratique des textes, de la parole et de l'écriture, mais la capacité à formuler des règles est également utile dans certains cas. Il ne faut l'utiliser que dans les phases d'auto et d'intercorrection, et non pour remplir des exercices à trous. Les pratiques fondées sur la mémoire procédurale doivent précéder celles fondées sur la mémoire déclarative et leur être supérieures en temps et en quantité.

Une autre stratégie importante dans les premières phases de l'unité didactique (compréhension et mémorisation) est la **stratégie dite « de répétition »**. Elle commence quand les étudiants répètent à voix basse, pour eux-mêmes, en subvocalisant quelques phrases qu'ils viennent d'entendre et dont ils veulent se souvenir. On observera que certains le font naturellement, d'autres pas. On peut développer cette stratégie en classe de différentes manières.

À l'oral, après plusieurs écoutes qui ont amorcé dans une certaine mesure la mémorisation, on demande à des étudiants de rejouer le dialogue, du moins ce dont ils se souviennent. En cas d'oubli, la classe peut

« souffler ». Plusieurs groupes peuvent s'y essayer. Cette pratique n'a pas la monotonie de la répétition classique, c'est une remémoration. Elle est d'autant plus efficace que le professeur intervient le moins possible, en donnant à la classe, ou à certains élèves si la classe compte plus de 12 ou 15 participants, le rôle de « souffleur ».

À l'écrit, au niveau débutant, on peut aider la mémorisation par répétition en utilisant des questions de compréhension très simples, dont la réponse se trouve dans le texte lui-même. Le professeur pose d'abord les questions, la classe y répond. Puis les étudiants sont invités à poser les questions à leurs camarades et, petit à petit, à en fabriquer eux-mêmes. Cet exercice doit être rapidement mené : il ne faut surtout pas s'y attarder. Il a pour fonction d'ancrer certaines phrases utiles dans la mémoire et d'encourager la fluidité de la parole. Sans répétition, il n'y a pas fluidité, et sans fluidité, il est inutile de passer à la production.

On le voit, un ensemble de pratiques, essentiellement fondées sur la mémoire, permet à l'étudiant d'emmagasiner un certain capital linguistique, à disposition immédiate, qui facilitera grandement la production personnalisée. C'est la seule manière d'acquérir la fluidité de la parole.

2.2. Le contrôle de la mémorisation

Après les diverses écoutes ou lectures, une mise en commun des « découvertes du sens » a lieu dans le groupe-classe. Le professeur pose des questions ouvertes : *Qui sont les personnages ? Que disent-ils ?* Dans un petit groupe d'adultes, la technique ne pose pas de problèmes. Les étudiants les plus sûrs d'eux-mêmes prennent en général la parole. Mais l'art du professeur consiste à solliciter les plus timides en leur demandant ce qu'ils ont compris, à repérer ceux qui n'osent pas prendre la parole, pour que le plus grand nombre participe. Dans cette phase, la chronologie du texte n'est pas respectée. Chacun se souvient d'extraits différents, et le professeur ne doit pas interrompre celui qui a pris la parole. Si les interventions des élèves ne correspondent pas exactement au texte, l'enseignant ne doit pas rétablir tout de suite la vérité mais solliciter la classe en demandant : « Êtes-vous d'accord avec untel ? Est-ce bien ce que vous avez entendu ? » Les étudiants sont d'accord ou pas, ou encore ne savent pas. Lorsqu'ils ne sont pas d'accord ou qu'ils ne savent pas, le professeur ne donne pas la phrase exacte mais propose de réécouter la bande pour que chacun puisse se faire sa propre idée. Après cette nouvelle écoute, en principe, la classe a mieux entendu le passage puisque l'attention était concentrée sur lui. Dans cette phase de mise en commun, seulement deux ou trois écoutes sont nécessaires, et on ne procède pas à une nouvelle écoute avant que ceux qui avaient compris quelque chose aient pu s'exprimer.

Les questions posées par le professeur peuvent être : *Qu'est-ce que vous avez compris ?* et *Qu'est-ce que vous avez entendu ?* La première question se pose au début pour que le plus grand nombre de personnes puisse s'exprimer. La seconde se pose ensuite pour vérifier la perception auditive et en même temps entraîner les élèves à l'écoute. Pendant cette phase, le sens de certains mots a pu être compris par un élève, alors que les autres ne le connaissent pas. Il est bon que le professeur le fasse expliquer par l'élève qui a compris. C'est évidemment un bon entraînement ainsi qu'un procédé qui rend la classe extrêmement interactive.

Lorsqu'on a affaire à un grand groupe, il faut « moduler » la technique : après quelques questions générales, il vaudra mieux travailler le dialogue par répliques ou groupes de répliques pour solliciter ce qui a été compris par la classe. Puis on peut faire retrouver le dialogue en travaillant par paires : les élèves, par groupes de deux, s'efforcent de se remémorer le dialogue. Ils disposent d'un temps de préparation assez bref. Ensuite, quelques paires viennent reproduire le dialogue devant la classe, avec l'intonation et la gestuelle, qui aident beaucoup. La classe peut souffler s'il y a des « trous ».

Ce sont les techniques de base qui allient compréhension et mémorisation. Après un certain temps de travail (environ 50 heures) sur situations ou documents authentiques oraux, on peut utiliser d'autres moyens, tels que l'écoute sélective et la prise de notes. En ce qui concerne l'écoute sélective, il ne faut pas oublier que tout se tient dans un texte : chaque élément est situé dans un « contexte ». Pour le comprendre, il faut le contexte. Il faut donc travailler sur la forme et non sur le sens. On peut entraîner les élèves à rechercher des intonations, des mots contenant certains phonèmes, des formes verbales, etc.

Reproduire à l'écrit un texte oral en notant ce qu'on a entendu, à la manière d'un puzzle, peut être une activité de détente. À chaque écoute, on note les phrases, bribes de phrase ou mots qu'on a perçus à l'endroit où on pense qu'ils se trouvent dans le texte. Chaque nouvelle écoute permet de remplir des trous du puzzle. On peut être amené à pratiquer l'inférence ou l'écoute sélective en portant l'attention sur un aspect particulier du texte, sans pour autant négliger son caractère global.

3. La phase de production

La production, surtout orale, est le point faible de l'enseignement d'une langue vivante. Elle est sans doute ressentie par l'enseignant comme l'aspect le plus difficile de sa tâche. Je la traiterai sous un angle pragmatique et technique : pourquoi on peut s'exprimer très naturellement en classe de langue et comment (à quelles conditions) l'expression naturelle est possible.

3.1. L'expression en classe de langue

Ce sujet demande à être sérieusement débattu. Dans les années 1970, beaucoup de didacticiens réclamaient la parole pour les élèves en classe de langue. D'autres pensent aujourd'hui que la classe de langue, par sa structure même, ne peut être un lieu d'expression personnelle, car les élèves n'y sont présents que pour acquérir les mécanismes de base de la langue ; ils sont dans une relation didactique avec l'enseignant, donc dans l'impossibilité de s'exprimer. L'enseignant, qui occupe le pôle supérieur de la relation, est là pour les « manipuler », en quelque sorte, en les mettant en situation de produire des phrases plus ou moins prévues par lui (un réemploi), qui font partie du programme de la leçon qu'il a préparée. Cette situation est-elle une fatalité ? Ne serait-il pas possible d'envisager une acquisition de la parole qui échappe en partie à la situation didactique précédemment décrite en y introduisant un peu de liberté ?

Assurément, il faut l'envisager, et ceci pour les raisons suivantes : une classe de langue, comme tout groupe humain composé d'individus destinés à passer ensemble de nombreuses heures, ne peut se passer d'échanges réels. Ils sont la soupape de sécurité qui permet la coexistence. De plus, l'acquisition de la parole ne peut avoir lieu dans de meilleures conditions qu'à travers la pratique spontanée de la langue. Produire des phrases destinées au professeur n'est pas pratiquer la langue mais lui montrer la connaissance qu'on a de cette langue.

Alors, comment faire de la classe un lieu où l'étudiant ne serait plus en situation didactique pure, mais où les échanges auraient une certaine spontanéité, un caractère personnel, et ne seraient pas uniquement dirigés dans le sens professeur → élève, mais aussi élève → élève ? La première considération qui s'impose, en fait, est que la classe est par excellence le lieu où de nombreux échanges peuvent avoir lieu au sujet de la langue. La langue comme sujet d'échange motive toujours les élèves puisqu'ils sont là pour l'apprendre et qu'ils ont besoin d'y réfléchir. Les trois points essentiels qui se discutent naturellement en classe de langue sont la *compréhension* (s'expliquer et interroger sur ce qui a été compris et ce qui ne l'est pas, éclairer le sens), le *fonctionnement* de la langue (l'explication du pourquoi de l'utilisation de telle forme plutôt que de telle autre) et l'*évaluation*, c'est-à-dire l'expression par les élèves du sentiment qu'ils ont vis-à-vis des productions de leurs camarades (sont-elle correctes ou incorrectes ?) et de la façon de les améliorer.

Mais ce type d'échanges ne peut intéresser les élèves qu'à une condition : il ne doit pas leur être imposé par le professeur de manière arbitraire. Les échanges sur la langue deviennent naturels si le professeur en donne l'initiative aux élèves, si les élèves disent spontanément ce qu'ils ont ou n'ont pas compris sans l'intervention du professeur, qui est là pour clarifier en fin d'échange ce qui est resté incertain ou inexact. De même, l'explication des formes utilisées et l'évaluation des productions peuvent être, dans un premier temps, confiées aux élèves. Si le professeur demande à un étudiant d'expliquer pourquoi il a utilisé telle forme qui ne paraissait pas correcte à un autre étudiant, mais qui en fait l'était, il laisse s'instaurer des échanges qui permettent aux étudiants d'exprimer leurs incertitudes, leur niveau d'acquisition des règles, ou de vérifier la justesse de leurs hypothèses. Chacun parle en son nom des problèmes linguistiques qui le préoccupent. Envisagée de cette manière, la « grammaire » les intéresse et suscite beaucoup d'interactions personnelles. Il s'agit là d'une communication réelle.

Un autre moyen de faire de la classe un lieu de communication personnelle, non dirigée vers le professeur, est le travail de groupe destiné à préparer une activité où les tâches ont été précisées : jeu de rôles, simulation, débat, discussion... Même un échange où l'on simule une situation de communication (par exemple un jeu de rôles) permet de s'exprimer en son nom à travers le rôle qu'on a choisi. Nous reviendrons un peu plus loin sur les modalités de ce type de travail. Mais disons dès l'abord que le travail de groupe est indispensable pour créer un climat de classe qui libère l'expression. Sans expression personnelle, même imparfaite, il ne peut y avoir apprentissage de la parole.

On peut le dire sans ironie : la parole des élèves est inversement proportionnelle à celle du professeur. Un professeur de langue qui se sent fatigué à la fin de sa classe devrait peut-être s'interroger sur son temps de parole.

3.2. Les aspects de la production et leur développement

Dans cette partie, nous examinerons les phases du développement de la parole telles qu'elles ont été observées par les chercheurs, et nous en tirerons des conclusions pédagogiques.

Rappelons d'abord brièvement les aspects de la compétence orale qui sont à acquérir et qui ont été décrits dans le *chapitre 2, 3.1 et 3.2*. On peut résumer les principaux en une phrase : ce sont des aspects phonétiques, lexicaux et morphosyntaxiques « cimentés » par l'intonation et les éléments paralinguistiques, et insérés dans une pragmatique. Étant donné la diversité de ces aspects, qui implique des habiletés différentes (percevoir et produire des sons, comprendre et mémoriser du lexique et des structures), il paraît utile d'interroger les chercheurs qui ont étudié l'ordre d'apparition de ces différentes compétences. On peut comparer cet ordre avec celui qui est utilisé dans l'enseignement des langues, qui consiste en général à mettre d'abord l'accent sur la correction de la forme, donc sur la morphologie, à inciter à faire des phrases correctes plutôt qu'à communiquer avec un lexique abondant et une certaine fluidité.

Y a-t-il un ordre d'acquisition des différents aspects de la parole en milieu naturel ?

Beaucoup de chercheurs se sont intéressés à cette question. On pourra consulter en particulier Lambert, qui a publié de nombreux articles dans *American Journal of Psychology*. Nous retiendrons simplement les grandes lignes de ses recherches. Ce qui s'acquiert en premier lorsqu'on se trouve en situation d'apprentissage dans le pays où la langue est parlée, c'est le lexique et la phonétique, étroitement associés puisqu'on ne peut se faire comprendre sans une prononciation plus ou moins correcte. Puis vient la syntaxe, qui, progressivement, se met en place en se complexifiant, c'est-à-dire que l'expression, d'abord « parataxique », devient peu à peu « syntaxique ». L'ordre de mise en place des éléments a également été étudié. Ensuite, en troisième position, vient la morphologie, ce qui s'explique par le fait qu'elle occupe un rang accessoire dans la transmission du message. Enfin a lieu l'acquisition des « règles socioculturelles » en termes didactiques, la bonne utilisation des registres de langue en fonction des différents paramètres de la situation de communication.

Tout ceci pourrait simplement s'expliquer par la finalité même de la parole : transmettre de l'information et être capable de la recevoir. Avec une connaissance approximative des règles, mais beaucoup de lexique et une prononciation correcte (il faut être compris), on peut transmettre, même imparfaitement, de l'information. Avec de bonnes connaissances grammaticales, mais peu de lexique, on ne va pas très loin.

Est-ce à dire qu'en classe on ne doit pas se préoccuper de grammaire ? Cela signifie simplement qu'on doit essayer de ne pas être obsédé par la grammaire, c'est-à-dire par la faute. Le réflexe du professeur qui entend une faute et qui a tout de suite envie de la corriger est tout à fait naturel. Il a été acquis par des années de vigilance grammaticale qui ont constitué sa formation. Mais il faut s'en défendre, car non seulement la correction en cours de production ne sert à rien – l'élève ne l'entend pas ; il concentre son attention sur le contenu de ses propos, pas sur la forme – mais, de plus, si l'étudiant constate qu'on n'écoute pas ce qu'il dit, mais « ses fautes », il peut très vite se décourager de parler. En revanche, l'effet apporté par la correction deviendra positif à deux conditions : si elle est faite en dehors de la phase de production, c'est-à-dire après, et surtout si l'élève est invité à la faire lui-même : « Pouvez-vous dire autrement, reformuler ? »

L'ordre d'acquisition tardif de la morphologie permet aussi de comprendre que faire des fautes non corrigées pendant un travail de groupe ne pose pas de réel problème. La compétence lexicale est en train de se mettre en place. Lorsqu'elle sera assez importante et qu'une bonne fluidité sera acquise, c'est-à-dire après une centaine d'heures d'apprentissage, l'attention des apprenants se portera alors naturellement vers la morphologie. Satisfaits de voir qu'ils communiquent, ils s'inquiètent alors de la correction de leurs phrases et beaucoup font même preuve de curiosité linguistique *(Est-ce qu'on peut aussi dire... ? ; Est-ce que c'est correct ?)*. Certains étudiants attachent plus d'importance que d'autres à la correction de la forme, mais en situation de classe, même les plus « laxistes » envers la morphologie peuvent être contrôlés et entraînés à se corriger et à être attentifs aux phrases des autres. Il suffit que les phases d'auto et d'intercorrection soient bien menées.

Certaines défaillances linguistiques sont parfois compensées par des intonations expressives ou des gestes superflus. C'est naturel au début, mais il faut attirer l'attention de l'étudiant sur le fait que ce ne sont parfois que les palliatifs d'une insuffisance lexicale ou syntaxique, et qu'il doit être plus exigeant pendant la préparation des jeux de rôles. Chez certains individus extravertis, cela peut cacher une trop grande confiance en soi.

Une autre acquisition tardive, celle des règles socioculturelles, c'est-à-dire de la pragmatique, explique pourquoi on rencontre souvent des fautes « culturelles » dans les productions à partir de jeux de rôles. Les mauvais emplois doivent être corrigés naturellement, mais, comme pour la morphologie, il faut comprendre que ce n'est pas vital en début d'apprentissage. Ce qui est vital, c'est de pouvoir transmettre une intention de communication avec fluidité et en se rapprochant de la norme correcte. À ce stade, on ne cherche pas à passer pour un locuteur de la L. C., mais tout simplement à finir ses phrases et à se faire comprendre. Le professeur qui s'inquiéterait doit pouvoir être rassuré à propos de la trop grande fréquence des phrases incorrectes à ce moment de l'apprentissage, qui est une phase préparatrice indispensable : on ne peut pas avoir envie de parler correctement avant d'avoir déjà acquis une certaine capacité à parler. Le premier besoin de tout locuteur est de communiquer, de se faire comprendre, ensuite de communiquer correctement. Si on cherche à mettre en place la correction avant la communication, la seconde ne s'acquerra que très tardivement, si elle s'acquiert jamais, car le besoin de correction joue le rôle d'un frein à la fluidité.

Les conclusions qu'on peut tirer des recherches sur l'ordre d'acquisition des aspects de la compétence sont donc les suivantes : favoriser l'acquisition lexicale en fonction des besoins, ne pas exiger de production grammaticale correcte, laisser la grammaire se mettre en place, d'abord en tant que compétence de reconnaissance (les élèves reconnaissent les formes mais ne les produisent pas toutes nécessairement dès l'abord). D'autre part, qui dit « communication » et acquisition lexicale dit aussi nécessairement acquisition phonétique (intonation et phonèmes). Cette acquisition, délaissée de nos jours, doit être réhabilitée. On ne se fait pas comprendre sans une intonation et des phonèmes corrects. Elle est d'autant plus nécessaire que la distance phonétique entre la L. M. et la L. C. est grande. Mais sa place se trouve en début d'apprentissage, et c'est une place importante. Peu de courants didactiques lui ont octroyé un rôle suffisant. À ma connaissance, le seul qui l'ait fait est le courant SGAV. Dès le début des années 1950, il a élaboré une méthode d'acquisition phonétique, dite méthode verbo-tonale, utilisé par ailleurs la mémoire procédurale – inconnue à l'époque – et reconnu l'affectivité comme principal facteur d'apprentissage de la parole.

3.3. La stratégie d'élaboration

Répéter des phrases plus ou moins mémorisées et prendre la parole pour exprimer une intention de communication sont deux opérations séparées par la mise en œuvre de la stratégie d'élaboration.

Qu'est-ce que la stratégie d'élaboration ?

Paul Cyr la définit ainsi dans son ouvrage sur les stratégies d'apprentissage d'une langue seconde[1] : « Établir des liens entre des éléments nouveaux et les connaissances antérieures, faire des associations intralinguales (à l'intérieur de la langue cible) dans le but de comprendre ou de produire des énoncés (...) peut-être la stratégie la plus importante car elle permet de restructurer les connaissances dans la mémoire à long terme. » En fait, cette stratégie suppose qu'on perçoit les rapports entre les différents éléments composant la structure et qu'on dispose de paradigmes minimaux pour fabriquer de nouvelles phrases. L'élaboration renvoie à la notion chomskyenne de « créativité ». Créer de nouvelles phrases, en termes chomskyens, ne peut se faire sans la stratégie d'élaboration. En termes didactiques, on pourrait réserver le mot « création » pour désigner l'exploration des limites du système de la langue par l'utilisation de métaphores, de jeux avec les mots, de ruptures syntaxiques (c'est-à-dire : jusqu'où aller trop loin dans l'application des règles syntaxiques et sémantiques de combinaisons des mots).

1. Paul Cyr, *La Stratégie d'apprentissage*, Clé International, 1998.

L'élaboration permet de produire des phrases nouvelles, non mémorisées telles quelles, tandis que la création s'applique à la production envisagée dans les exercices dits « de créativité ». Ce sont deux aspects différents de l'apprentissage de la production, et l'un précède l'autre.

Quels moyens pour faciliter l'élaboration ?

Traditionnellement, l'élaboration a été guidée : travail sur la structure par exercices de substitution et de transformation, et techniques de réemploi sur images ou en changeant la situation. Ce guidage ne développe pas au mieux la stratégie d'élaboration. Il vise surtout à renforcer des liens qui ont été établis, mais il ne place pas l'étudiant en situation d'élaborer en prenant des « risques », c'est-à-dire en produisant des phrases dont il n'est pas sûr, seule manière d'avoir un « feed-back » positif et d'emmagasiner de nouvelles connaissances en réponse à ses hypothèses.

Élaborer n'est pas reproduire. Sans élaboration, on parlerait comme un robot ou comme un perroquet, en reproduisant des phrases mémorisées dont on ne pourrait changer aucun mot. On apprend à élaborer en élaborant, et plus on le fait, plus on restructure ses connaissances dans la mémoire à long terme.

Cette stratégie est constamment à l'œuvre dans une pédagogie où l'initiative de l'élève est encouragée, initiative pour comprendre les sens d'un texte, initiative pour produire : poser une question, faire une remarque, apprécier le contenu d'un texte, le critiquer, pratiquer des échanges avec son partenaire sur le sens d'un texte ou sur les règles de la langue. Toute initiative place l'étudiant en face d'éléments nouveaux. Il prend ainsi très vite l'habitude de réagir en intégrant ce qu'il y a de nouveau à son savoir acquis, et apprend à le traiter rapidement, alors que dans une situation guidée, chaque chose vient en son temps, selon un plan préconçu ne correspondant pas nécessairement au niveau de structuration de la langue auquel se situe l'apprenant.

3.4. Les techniques de classe

Traditionnellement, on a utilisé le terme de réemploi pour désigner les techniques qui permettaient de faire passer l'élève de la production d'une phrase apprise dans une situation à la production, dans une situation différente, de la même phrase, d'une partie de celle-ci ou encore d'une phrase élaborée à partir de cette dernière. Les techniques permettant le réemploi ou le rappel des phrases précédemment acquises consistaient à présenter des images ou des situations propices à la remémoration. Elles participaient d'une pédagogie directive « guidée » où le rapport professeur-élèves était privilégié. Elles étaient fondées sur une conception « associative » de la mémoire.

Un pas a été franchi vers l'autonomie, donnant plus de liberté de production à l'élève, avec l'utilisation du jeu de rôles comme nouvelle forme de réemploi. Cette technique consiste à donner le déroulement d'une situation où les répliques peuvent être désignées par les actes de parole qu'elles permettent d'accomplir. Par exemple, A s'adresse à B et lui demande un renseignement sur les horaires des trains de Paris à Marseille. B demande des précisions et donne les horaires. A réserve une place dans un train. Sur cette base, les élèves doivent produire un texte.

L'exécution d'un canevas suppose qu'on ait déjà étudié plusieurs situations où a lieu le type d'échanges demandé. Il s'agit donc de réemploi, mais qui comporte des différences essentielles par rapport au réemploi traditionnel. D'abord, les productions des élèves s'inscrivent dans des situations interactives : il faut répondre et enchaîner à partir d'une réponse. La compétence de communication est en jeu. Il faut tenir compte des rapports entre interlocuteurs et non faire appel à la seule compétence linguistique. La possibilité est donnée d'élaborer un grand nombre de nouvelles phrases, à partir de l'ensemble des phrases déjà mémorisées, grâce à la variété des structures et des rôles sociaux mis en évidence dans les situations préalablement étudiées. De plus, les élèves sont invités, dans la phase de préparation du jeu, à imaginer entre eux des répliques qui leur paraissent convenir à la situation. Ils peuvent demander au professeur des mots du lexique dont ils ont besoin ou les chercher dans le dictionnaire. Ils ne sont pas en situation de simple rappel, c'est-à-dire de simple remémoration, mais plutôt d'élaboration, et parfois de création. Cette différence est fondamentale pour l'acquisition et le développement de l'autonomie de l'apprenant. Si on tient compte de la possibilité d'échanges à l'intérieur d'un groupe, on peut dire que l'exploration des possibilités de la langue se trouve multipliée par deux ou trois selon le nombre de participants. Enfin, si un même canevas est réalisé par quatre ou cinq groupes, l'ensemble de la classe pourra bénéficier des productions nouvelles réalisées par chacun des groupes. Cela crée un apprentissage parallèle à celui prévu dans la méthode, apprentissage lexical et consolidation grammaticale permanente, puisque toutes les productions des groupes seront corrigées par l'ensemble de la classe. Selon l'attention qu'il y portera, chaque élève pourra bénéficier davantage de ce type d'activité que d'un exercice grammatical réalisé individuellement.

Un écueil est à éviter dans le jeu de rôles : la répétition pure et simple des phrases remémorées des situations préalablement apprises. Conçu dans cet esprit, le travail de jeu de rôles n'est pas productif, puisqu'il ne mobilise que la mémoire. Pour éviter cela, il faut que les étudiants s'impliquent personnellement dans les situations qu'ils produisent. Pour créer cette implication, des conditions sont nécessaires :

– le jeu de rôles doit proposer des « situations problèmes », à la différence du canevas « utilitaire » précédemment décrit en début de chapitre, qui n'intéresse que la compétence sociale au sens « public » du terme. L'autre aspect de la compétence, celui des relations inter-personnelles, peut s'acquérir à travers des situations problèmes, telles qu'un rendez-vous manqué à la suite duquel les deux personnes concernées s'expliquent au téléphone, un dîner au restaurant où l'une des personnes ne se satisfait pas des plats au menu et veut changer d'établissement, une conversation en auto-stop où l'auto-stoppeur essaye de modifier l'itinéraire du conducteur, etc. Sans abuser de ce type de situations, elles sont nécessaires dans une certaine mesure parce qu'elles suscitent la créativité des étudiants, et les obligent à explorer leurs connaissances linguistiques pour s'exprimer ;

– le temps consacré au travail de groupe pour réaliser le jeu de rôles doit être assez long, environ vingt minutes, sinon il ne peut y avoir de recherche ni de création sérieuses ;

– dans un jeu de rôles pour débutants, chaque groupe ne doit pas compter plus de trois participants, car un quatrième risquerait de ne pas intervenir. Chacun doit avoir un rôle à exécuter. Dans les classes plus nombreuses, pour éviter les déplacements, on peut faire travailler les étudiants par groupes de deux, en évitant que ce soit toujours les mêmes qui se retrouvent ensemble ;

– on laisse aux étudiants la possibilité de créer la psychologie, même sommaire, de leur personnage, de leur donner un sexe, un nom, une per-sonnalité. Pour qu'ils s'impliquent, on peut leur demander de dire ce qu'eux-mêmes auraient envie d'exprimer s'ils se trouvaient dans la situation de leur personnage ;

– pendant la préparation des canevas, le professeur reste à la dispo-sition des étudiants mais ne s'impose pas dans un rôle de surveillant. S'il a affaire à des adultes, il peut même s'absenter au début pour leur faire comprendre que le travail dépend d'eux, et d'eux seuls. En obser-vant la préparation, on constate que certains groupes écrivent leur texte, d'autres préfèrent compter sur leur mémoire, et répéter plusieurs fois leur improvisation. À chaque groupe de gérer son travail, pourvu qu'il soit efficace. Mais le canevas devra être joué et non lu. Il faut donc une certaine mémorisation. On peut s'inspirer de notes si le texte créé est plus élaboré ;

– pendant l'exécution du jeu, la classe note les erreurs et joue le rôle de spectateur. Si c'est drôle, il ne faut pas se priver de rire ;

– après le jeu, on procède à une correction par la classe qui est invi-tée à donner ses appréciations et à préciser les erreurs repérées. Cette phase est très profitable à l'apprentissage grammatical. La phrase fautive doit être reformulée par celui qui l'a prononcée. S'il ne sait pas, le professeur « renvoie la balle » à la classe : *Qu'est-ce qu'il faut dire ? Quelle est la phrase correcte ?* Les propositions des élèves doivent être reprises par le professeur qui sollicite l'ensemble de la classe pour vérifier que tout le monde suit (*C'est correct ?*). Il arrive parfois que des phrases correctes soient considérées comme fautives par certains qui n'ont pas atteint le même niveau d'acquisition que d'autres sur un point grammatical. C'est pourquoi il est important que ces vérifications d'hypothèses aient lieu en commun. C'est une manière privilégiée d'obtenir une coopération dans la classe, le sentiment que l'apprentissage se fait en commun, les uns avec les autres, pas en compétition. La compétition peut exister au niveau de la création des jeux, elle peut être stimulante mais, dans une classe de langue, l'apprentissage de la grammaire nécessite l'interaction. Les élèves impliqués dans la correction laissent rarement passer des fautes, ce qui prouve que la grammaire les intéresse s'ils la prennent en charge eux-mêmes.

Il reste à traiter un dernier aspect du travail de jeu de rôles : l'application à des groupes de langue maternelle homogène. Comment inciter le plus tôt possible les apprenants à s'exprimer dans la L. C. lorsqu'ils sont en groupe, alors qu'ils peuvent le faire en langue maternelle ?

• **Ce qui favorise l'utilisation de la L. C.**
– Le rapprochement des langues. Prendre la parole dans une L. C. voisine de sa propre langue peut se faire rapidement, à condition que le droit de faire des fautes existe. Et cela dépend du professeur.
– Une certaine hétérogénéité des étudiants (débutants et faux débutants dans une même classe). Un étudiant plus avancé peut être placé dans chaque groupe. S'il s'exprime dans la L. C., petit à petit, ses camarades l'imiteront.

• **Ce que l'on peut faire pour favoriser l'utilisation de la L. C.**
On peut dans chaque groupe donner à un étudiant volontaire le rôle de gérer la préparation du jeu de rôles. Il doit rappeler aux étudiants qui s'expriment en L. M. d'utiliser la L. C., en leur proposant un discours très simple, nécessaire aux échanges pendant cette phase, tel que : *Je ne comprends pas. Qu'est ce que ça veut dire ? Comment dit-on... ? C'est juste. Ce n'est pas correct. Est-ce qu'on peut dire ? On pourrait dire aussi... C'est bien. C'est mieux. Écris ce que tu as dit. Maintenant, on répète. Encore une fois....* Ces phrases deviennent vite des mécanismes, et l'observateur peut aussi avoir un rôle critique sur la pertinence des répliques. Au fur et à mesure des acquisitions, parler dans une langue étrangère devient ludique, et ceux qui ont atteint ce stade peuvent y entraîner les autres. Mais ceci n'a lieu que si, à aucun moment, les apprenants ne sentent l'angoisse de l'enseignant qui a peur que ses élèves ne fassent des

fautes et passe d'un groupe à l'autre pour les corriger. Malgré son apparente logique, cette attitude est désastreuse sur le plan psychologique. Plus ou moins consciemment, l'étudiant culpabilise en constatant qu'il fait des fautes, et le seul remède à cela, c'est parler le moins possible. Si le professeur ne peut vaincre son angoisse, il vaut mieux qu'il fasse des exercices classiques en grand groupe, suivis de correction. Ses élèves n'apprendront pas à parler de cette façon, ils apprendront « la langue », ce qui est autre chose. Le travail du professeur consiste avant tout à porter un regard critique sur les techniques qu'il utilise et à analyser les conditions qui les rendent efficaces.

3.5. L'interprétation des textes et l'analyse linguistique

La phase de compréhension littérale des textes peut être suivie d'un exercice combinant l'interprétation et l'analyse linguistique. À partir d'un certain niveau d'acquisition de la production de base (au moins une centaine d'heures), on peut entraîner les élèves à interpréter des textes possédant une certaine qualité littéraire, un dialogue de théâtre par exemple. Il s'agit dans cet exercice de dégager les intentions des locuteurs, c'est-à-dire de les commenter, chacun pouvant avoir sa propre interprétation. Ceci exige qu'on élabore ensemble une sorte de méta-texte ou commentaire, sous la direction du professeur. Cela oblige à explorer le fonctionnement de la langue à partir des productions individuelles, chacun contribuant à l'amélioration et au développement des productions. C'est en ce sens qu'on peut parler d'analyse. On combine ainsi l'interprétation des textes et l'entraînement à l'écriture, qui exige une bonne connaissance de la langue.

Cette technique est guidée. Le professeur peut travailler sur une dizaine ou une vingtaine de répliques bien choisies, en demandant tout d'abord la signification de chaque réplique intéressante : *Pourquoi dit-il cela ? Qu'est-ce qu'il veut obtenir ? Que veut-elle dire ?* Il est évident qu'on ne peut utiliser un texte qui serait uniquement fonctionnel, où les intentions sont en principe très claires et ne nécessitent aucun commentaire. Ceci prouve que l'enseignement des langues ne peut se passer de la littérature. À partir du commentaire produit par un élève, le professeur veut savoir s'il y a d'autres interprétations ; s'il n'y en a pas, la demande du professeur va porter sur la correction de la forme. Par exemple : *Il veut la faire peur, c'est correct ?* Au bout d'un moment, il peut obtenir : *Il veut lui faire peur, Il veut l'impressionner, Il veut qu'elle a peur* puis *Il veut qu'elle ait peur.*

En utilisant cette technique, on constate la parfaite disponibilité des étudiants qui se sentent libres de produire l'interprétation qui leur convient – ils travaillent au niveau du sens. En même temps, ils sont entraînés au rappel de leur savoir linguistique pour aboutir aux formes correctes. C'est évidemment une situation d'écriture : lorsqu'on écrit, on cherche des sens et les formes qui leur correspondent le mieux. Mais lorsqu'on est guidé dans cette tâche par un enseignant et par la participation de la classe, le vide ou l'absence de motivation devant la page blanche n'existent plus. Cette technique peut convenir aux plus paresseux comme aux plus créatifs. On peut l'utiliser à des intervalles qui restent à définir en fonction des besoins et surtout à partir de textes qui s'y prêtent.

4. La production écrite

Elle est naturellement liée à la capacité de lecture et de compréhension de la L. C. Il ne peut y avoir de production écrite adéquate sans une fréquentation assidue des textes, qui permet d'acquérir la mémoire du discours écrit, et qui évite à l'étudiant, devant sa page blanche, d'avoir à penser son texte dans la langue maternelle et de le traduire comme il le peut dans la L. C.

Définissons d'abord ce qu'on entend par production écrite. En classe de langues, produire une phrase écrite en réponse à une question ou à un exercice est une sorte de capacité scolaire minimale, qui suppose la connaissance des règles grammaticales. Produire un texte suppose que l'on connaisse les règles d'organisation du genre de texte produit. Ce sont deux capacités totalement différentes. La production de phrases correctes est une activité purement scolaire, transitoire, qui ne saurait être le but de l'acquisition de la compétence écrite, ni encore moins servir à son évaluation.

L'approche communicative nous a familiarisés avec la notion d'acquisition de savoir-faire écrits fonctionnels, tels qu'écrire une carte postale, un C. V., une lettre de remerciements, un récit, un résumé, un compte rendu, etc. Posséder ce genre de savoir-faire exige de connaître l'organisation de ces types de texte, organisation qui est d'ordre pragmatique et culturel : une manière de présenter l'information dans un certain déroulement et les marques socioculturelles propres aux relations « interlocuteurs ». Par exemple, une lettre de remerciements à un ami prend une forme différente d'une lettre destinée à des relations lointaines. Avant d'accéder à ce type de compétence, les étudiants peuvent acquérir dans les premiers temps de l'apprentissage une compétence de production de textes simples.

Comment faciliter la production écrite ?

Il s'agit ici de compétence générale de production écrite non liée à un discours « fonctionnel-communicatif ». Nous nous intéresserons dans cette section à un type de « réemploi écrit ».

De même que pour l'oral, à partir du moment où un étudiant aura mémorisé un certain nombre de phrases ou bribes de phrases écrites dans la L. C., il sera à même de produire, en réutilisant certaines parties de ces phrases et en les élaborant. Mais la différence avec l'oral est importante. À l'oral, l'étudiant ne peut compter que sur les phrases qu'il a déjà mémorisées, c'est-à-dire qui sont déjà stockées dans sa mémoire. À l'écrit, ces phrases sont disponibles, il peut les trouver dans des « modèles » de discours qu'il a étudiés dans les textes. S'il n'est pas en situation d'examen, il peut les consulter, relire les discours qui l'intéressent et s'en servir pour élaborer un nouveau discours écrit. Il dispose d'un certain temps pour le faire, alors que, à l'oral, la production doit être immédiate. Il se trouve dans une situation plus favorable à l'écrit qu'à l'oral. Si bien qu'on peut se demander si cette situation favorable ne pourrait pas être utilisée pour acquérir très tôt un mode d'écriture n'appartenant pas aux discours écrits fonctionnels décrits précédemment, mais au discours élaboré de la langue, tel qu'on peut le trouver dans la littérature (roman ou théâtre).

Ce type d'apprentissage à la production écrite pourrait se construire par paliers, en donnant progressivement à l'étudiant les moyens de cerner les différentes possibilités de réalisation d'une même fonction de la langue, qu'on a isolée des autres grandes fonctions pour mieux en percevoir l'organisation linguistique, les marques stylistiques, et comparer ces réalisations d'un auteur à l'autre – je veux parler de la langue de la description, la langue de la narration ainsi que de la langue du raisonnement et de l'argumentation.

C'est en tout cas une proposition de travail qui offre l'intérêt de viser à l'amélioration des performances écrites courantes. Car l'apprentissage d'un savoir-faire linguistique, quel qu'il soit, se fait dans les meilleures conditions à partir de « modèles » de discours, c'est-à-dire de « textes choisis » pour leur qualité intrinsèque, littéraire ou autre. Un apprenant a besoin de repères pour accéder plus rapidement et avec plus de sûreté à la compétence, et l'on constate que la présence de ces repères le rassure et le stimule.

En outre, la stimulation pour l'apprentissage de l'écriture ne peut être purement fonctionnelle. D'autant plus que l'utilisation accrue de l'ordinateur va sans doute nous entraîner vers des échanges écrits dont nous ne savons pas encore quelles formes ils vont prendre et que les modèles épistolaires utilisés jusqu'à présent deviendront peut-être caducs.

Si l'on veut maintenir l'attrait pour une langue qui n'est pas considérée d'abord et avant tout comme un moyen de communication international – je veux parler du français et de bien d'autres langues de culture, sauf l'anglais –, il faut évidemment l'enseigner pour les satisfactions culturelles que cette langue peut apporter.

Une des fonctions du langage – le linguiste Jakobson nous l'a enseigné – est la fonction stylistique, c'est-à-dire la possibilité de créer avec les mots de la langue des formes appréciables pour elles-mêmes et susceptibles de donner du plaisir, de faire voir le réel d'une autre manière, un réel transposé, mis en valeur par les mots de la langue. La poésie est sans doute l'expression la plus achevée de cette fonction, mais d'autres formes d'écriture peuvent posséder cette vertu de mise en valeur du réel, cette qualité de style qui a pour effet d'accrocher le lecteur, de frapper son imaginaire, donc d'engager sa participation affective dans l'acte d'apprentissage.

C'est pourquoi l'écriture de qualité non seulement ne saurait être délaissée pour des raisons d'opportunisme ambiant (*ça sert à quoi la littérature ?*), mais elle devrait également être utilisée pour ses « vertus didactiques ».

Les qualités de l'écriture littéraire ne sont pas l'apanage des seuls romanciers ou auteurs littéraires. On les rencontre aussi chez de nombreux auteurs appartenant au domaine des sciences humaines (histoire, sociologie, géographie). Le souci de qualité devrait être constamment présent à l'esprit de l'enseignant qui recherche et sélectionne des textes en vue de l'apprentissage de l'écriture par ses étudiants. Cet aspect de l'apprentissage sera étudié dans le *chapitre 4*, consacré aux niveaux avancés.

Nous avons parcouru, dans ce chapitre, les différentes phases d'appropriation des contenus d'apprentissage d'une unité pédagogique, contenus essentiellement regroupés autour des opérations cognitives que doit accomplir l'étudiant : la compréhension, la mémorisation et la production. Nous avons vu les stratégies qui facilitent ces opérations dont les plus importantes sont : l'inférence, la répétition, l'élaboration et l'autoévaluation.

Nous avons décrit les exercices de base ou activités qu'on pourrait appeler d'intercompréhension orale (nous traiterons de l'écrit au *chapitre 4*), de remémoration et de production orale à travers le jeu de rôles, considéré comme l'exercice de réemploi fondamental. Un type d'activité écrite commune a été proposée.

Beaucoup d'autres exercices peuvent se greffer sur cette trame de base. L'enseignant, sachant quelle capacité il veut développer chez l'étudiant, les choisira lui-même parmi ce qui existe[1] et n'oubliera pas de demander à ses étudiants leurs points de vue sur l'exercice et la méthode en général. C'est ainsi qu'il pourra varier son enseignement et l'adapter aux besoins.

1. Pour ce faire, il pourra consulter, notamment, l'ouvrage de M. Pendanx, *Les Activités d'apprentissage de la langue*, Hachette Livre, 1998, où sont présentées de nombreuses démarches d'apprentissage empruntées, comme le dit l'auteur, à différents « horizons méthodologiques » contemporains, et inspirées de l'approche cognitive.

4

LES NIVEAUX AVANCÉS

Un niveau avancé, pour qui ? Et pour quoi faire ? Plus qu'au niveau des débutants et intermédiaires, on doit se poser la question du public et de ses objectifs. Le public d'un niveau avancé se caractérise par une grande diversité de besoins mais aussi de niveaux. Il s'agit d'analyser les besoins et d'évaluer les niveaux, en termes de compétence de communication et non pas par rapport à la seule compétence linguistique, comme c'est souvent le cas. Il faut également considérer la problématique de l'acquisition d'une compétence de niveau avancé : faut-il une progression plutôt linguistique que discursive ? Sur quelles bases peut-elle être établie ? Comment choisir les textes qui permettent d'acquérir les compétences voulues ? Quel parcours pédagogique mettre en œuvre ?

Je ferai référence, dans ce chapitre, à une manière d'analyser les objectifs et les niveaux de ces publics et je décrirai une problématique de l'acquisition essentiellement fondée sur la notion de savoir-faire, à partir d'exemples de textes à étudier.

1. La question des objectifs et des niveaux

Si la classe n'est pas réunie en fonction d'un but (professionnel ou autre), il est primordial de connaître les objectifs et les motivations de chacun. On ne perd jamais son temps si on consulte les élèves et si on négocie avec eux, tout en sachant que la motivation se construit aussi en cours d'apprentissage. Des questionnaires existent. Nous ne reviendrons pas sur ce sujet.

Ceci dit, on ne peut pas toujours éviter d'avoir affaire, dans certaines institutions, étant donné les effectifs assez faibles de ces cours, à deux grandes catégories sensiblement différentes de public : le public qu'on peut appeler « dilettante », désireux de se perfectionner en français tout en acquérant un savoir culturel, et le public qui vise la préparation à un examen national, tel que le DALF. Il faudra naviguer entre les deux ou diviser son cours.

La première tâche d'un enseignant sera de définir très précisément à quel niveau se trouve chacun des étudiants qui constituent sa classe. On objectera qu'ils ont déjà été évalués, qu'ils ont suivi des cours ou passé des tests révélant qu'ils étaient aptes à suivre un cours avancé. Sans doute, mais souvent, ces tests ou évaluations sont à dominante linguistique. Si l'on veut élaborer un enseignement qui aboutisse à une réelle compétence de communication de niveau avancé, il faut considérer tous les paramètres de la communication.

Un moyen de formuler ces paramètres et leur description en termes de niveaux et de compétences est de consulter le *Cadre européen commun de référence*, ouvrage publié par le Conseil de l'Europe en 1996, qui s'efforce de répondre à ce besoin (*cf. Documents annexes*, p. 159).

Les niveaux reconnus sont au nombre de six. Il existe deux niveaux par type d'utilisateur de la langue :
– l'utilisateur élémentaire : niveaux A1 et A2 ;
– l'utilisateur indépendant : niveaux B1 et B2 ;
– l'utilisateur expérimenté : niveaux C1 et C2.

En consultant les descripteurs qui correspondent à chacun de ces niveaux, on se rend compte que la majorité du public constituant les effectifs des cours dits « avancés » se situe en général soit à l'intérieur du niveau B2 (utilisateur indépendant), soit au début du niveau C1 (utilisateur expérimenté).

En s'intéressant aux descripteurs, qui donnent une idée de la compétence attendue dans chaque niveau, et malgré le caractère flou de leur formulation, on se rend compte que chacun des niveaux est décrit en fonction de quatre critères :
– le critère *thématique* ou plutôt *textuel* (difficulté du sujet traité) : sujets concrets, abstraits, longs, complexes, à sens implicites ;

– le critère *fonctionnel* (quels discours doivent être maîtrisés) : résumer, décrire, prendre position, rapporter, argumenter ;

– le critère *pragmatique* (les qualités de l'élocution) : spontanéité, aisance, efficacité, souplesse ;

– le critère *linguistique* (qualités du langage) : clarté, précision, structuration, cohésion, nuances.

Le lexique choisi pour ces descripteurs ne permet pas de définir des niveaux avec précision. Mais les quatre critères à partir desquels ils sont élaborés peuvent servir de fil conducteur dans le choix des textes qu'on va utiliser, les savoir-faire qu'on va enseigner et les niveaux d'élaboration et d'expressivité linguistique qu'on va tenter de faire acquérir. C'est un rappel d'objectifs qui ne sont pas toujours clairement présents quand on enseigne dans un cours avancé.

Rappelons que ces paramètres de compétence ne sont pas l'apanage des niveaux avancés. Leur acquisition se situe dans un continuum. Si on ne les a pas en tête dès le début de l'apprentissage, il sera difficile d'improviser leur enseignement dans un cours avancé. Il n'y a pas un niveau qui serait réservé à la compétence grammaticale, un autre à la compétence discursive, et un dernier à l'élocution (voir le modèle d'évaluation de la production proposé dans le *chapitre 2*, p. 47).

Enfin, signalons que les descripteurs ci-dessus définissent la qualité de la production, plus que celle de la compréhension. On ne peut pas exclure que, dans un cours avancé, certains étudiants soient plus intéressés par la compréhension de textes complexes, dans toutes leurs nuances, que par la production. Il faut en tenir compte.

La problématique de l'acquisition aux niveaux avancés

Une fois les objectifs définis, il faut s'intéresser aux moyens.

En parcourant les manuels FLE de niveaux avancés (manuels qui sont souvent excellents par le choix des textes et l'abondance des activités proposées), on observe que ces activités s'inspirent beaucoup de celles qui ont cours en FLM et qui sont destinées à faire acquérir des méta-savoirs tels qu'analyser un document, faire un commentaire, une synthèse, etc. Ces objectifs sont d'ailleurs explicitement revendiqués par les préfaces : « Rendre compte du contenu d'un document, le mettre en relation avec des réalités et des connaissances, formuler des opinions sur son propos » (*Panorama 4*, Clé International, 1998).

Ces analyses, commentaires et synthèses correspondent à la tradition scolaire française dont les objectifs sont surtout d'enseigner des discours sur les textes, discours nécessaires pour satisfaire aux exigences universitaires, qui sont aussi celles des adultes cultivés. On ne saurait discuter la nécessité de cet objectif. Mais cet effort pour enseigner des savoir-faire fait perdre de vue la nécessité d'améliorer aussi la compétence de production linguistique (syntaxe élaborée, vocabulaire nuancé et expressif, expression fluide et efficace). Ce besoin est prioritaire aussi bien en L. M. qu'en L. E., on l'oublie parfois. On constate souvent en L. E. une insuffisance du niveau de production écrite, la présence de calques de la L. M., surtout si L. M. et L. E. sont des « langues lointaines ». Des enseignants de L. M. en arrivent parfois à se demander s'ils ne devraient pas enseigner le français en tant que L. E. à leurs élèves, tant la langue qu'ils parlent et écrivent est éloignée de la langue standard des lycées et collèges (*cf.* Y. Lefranc, *Le Français standard comme socialecte second, le FLE au service du FLM*, colloque de la FIPF, 2000).

Il y a là, de toute évidence, une priorité qui n'est pas suffisamment reconnue, parce que l'on confond la capacité à produire du discours sur les textes et la capacité à s'exprimer naturellement, en son nom, à un niveau élaboré de compétence, dans des situations naturelles de communication. Les deux capacités ne s'acquièrent pas de la même manière, même si la première peut avoir une certaine incidence sur la seconde.

Dans l'article cité précédemment, Y. Lefranc mentionne les activités qui lui paraissent aptes à faire acquérir ce niveau : « Moins de contenus [...] à apprendre d'un cours à l'autre », « davantage d'activités », « travailler et retravailler des documents authentiques écrits et oraux », « réécrire », « développer des échanges verbaux en classe ». Le tout à partir de documents de qualité.

On ne peut qu'être d'accord. De même que pour les débutants, la compétence s'acquiert par la pratique, et pas seulement par l'enseignement de contenus.

Quels fils conducteurs permettraient de réaliser un programme apte à faire acquérir une compétence de communication de haut niveau ?

– Le premier me paraît être relatif à la « progression » : comment choisir les textes ? selon quels critères ?

– Le second consisterait à développer ce qu'on peut appeler des « savoir-faire avancés » : savoir lire, savoir écrire, savoir s'exprimer à l'oral.

2. Choisir une progression discursive

Nous avons déjà évoqué ce type de progression dans le *chapitre 2* en indiquant l'intérêt culturel et méthodologique qu'il présente. Nous en donnerons ici une vision d'ensemble et quelques lignes directrices pour une sélection des textes.

Un texte, en général, ne relève pas entièrement d'un même type de discours. On peut trouver des aspects narratifs insérés dans des textes principalement descriptifs ou l'inverse, ainsi que des aspects descriptifs et / ou narratifs dans des textes argumentatifs.

On peut aussi avancer l'idée que ces trois types de discours ne couvrent pas l'ensemble des discours produits. Certains utilisent l'expression « discours expositif » pour désigner un discours qui expose un problème et peut aussi comporter quelques aspects descriptifs et narratifs, des prises de position, réfutations ou démonstrations. Il me paraît méthodologiquement préférable, parce que plus simple, de considérer trois grands types de discours – descriptif, narratif et argumentatif –, tout en sachant qu'aucun discours produit ne se réduit à un type unique.

L'avantage de cette approche est de pouvoir organiser un enseignement selon un fil conducteur qui est le garant de choix éclectiques (il donne la possibilité de couvrir l'ensemble des types de discours). Elle permet également de mieux faire acquérir des aspects précis, bien ciblés, de la compétence ; acquérir un « savoir décrire » requiert des compétences linguistiques précises, différentes d'un « savoir raconter ou argumenter ».

Comment choisir les textes ? Comment s'y repérer ?

En ce qui concerne les textes descriptifs et narratifs, la première tâche est de repérer l'*objet* de la description et celui de la narration. Très généralement parlant, l'objet peut être concret ou abstrait.

• **Décrire un objet concret** (objet quotidien, lieu ou personne), c'est le « donner à voir ». Une description efficace crée des images qui captivent l'attention. Si le texte est donné à lire comme un tableau, il mobilise les facultés des lecteurs qui s'efforcent de se représenter les images évoquées par les mots. La vue n'est pas le seul sens à être sollicité. Une description peut faire appel à l'ouïe et à l'odorat. La pédagogie doit entraîner les élèves à mobiliser leurs sens dans la perception du texte. En lisant ainsi, ils associent plus ou moins consciemment la forme et le fond et se trouvent dans une situation favorable à l'apprentissage.

Un récit peut également narrer des actions concrètes. Une bataille (Fabrice à Waterloo[1]), un conte *(Le Petit Chaperon rouge)* peuvent donner à voir des objets en mouvement, à entendre un fond sonore. On peut se les représenter comme un film. Les actions des personnages évoluant dans un décor sont le plus souvent accompagnées de la description des sentiments, ce qui entraîne une participation totale du lecteur. C'est la raison pour laquelle ces types de texte maintiennent ou relancent la motivation.

Mais récits et descriptions ne sont pas tous concrets. On trouve des descriptions et / ou récits de comportements et d'attitudes, en psychologie, en sociologie, en anthropologie et en géographie humaine.

---

1. *Cf. Documents annexes*, p. 129.

Les formes linguistiques de la description de ces types d'objets sont évidemment différentes de celles des objets concrets ; elles seront étudiées dans leur spécificité.

En accumulant les textes descriptifs et narratifs et en alternant textes concrets et abstraits, on peut offrir à sa classe une progression d'apprentissage mieux fondée qu'une progression uniquement thématique. On apporte le fil conducteur d'une acquisition linguistique orientant très précisément vers ce qu'elle permet de faire : un « savoir décrire » et un « savoir raconter », ce qui est plus motivant que de connaître l'emploi de l'imparfait et du passé composé, ou de savoir faire un compte rendu.

Cette distinction fondamentale qui porte sur la nature de l'objet offre le premier paramètre de choix des textes. Un second paramètre utile sera celui du genre dans lequel apparaît la description ou le récit. Le genre peut être celui de la publicité : comment sont décrits les objets, lieux et personnes qui sont le prétexte à l'opération publicitaire. Le genre peut être aussi celui de la presse courante, dite « grand public », celui des ouvrages spécialisés (géographie, histoire, sciences sociales, etc.) et naturellement celui de la littérature. Le souci de qualité qui doit être présent dans tout choix incite à privilégier la littérature, sans pour autant négliger les objectifs spécifiques des apprenants.

La comparaison des modes d'expression relatifs à un genre – ou à un écrivain – particulier, c'est-à-dire la découverte des styles ou modes d'écriture divers, fait partie des objectifs des niveaux avancés. Ce type d'acquisition se fait au fur et à mesure de l'étude des textes.

Pour comprendre le lien qui existe entre l'étude d'un texte descriptif et les acquisitions linguistiques impliquées, on consultera le tableau suivant (p. 83).

• **Acquérir un « savoir-faire argumentatif »** est une tâche plus complexe et sans doute moins motivante que les « savoir décrire » et « savoir raconter », mais c'est nécessaire dans un cours de niveau avancé puisqu'on y vise en général des performances de type universitaire.

On se contentera d'indiquer quelques pistes pour le choix et le travail des textes.

Il faut d'abord définir ce qui distingue un texte qu'on appelle parfois « expositif », et qui décrit en fait une situation, d'un texte argumentatif qui, lui, est construit sur une problématique et dans lequel l'auteur prend position. Pour comprendre cette distinction, on se reportera à la section *Documents annexes*.

On y trouvera différents textes dont un texte de Laurent Joffrin, « La régression française », deux textes des syndicalistes A. Deleu et J.-P. Dufour sur « le repos du dimanche » et un texte intitulé « La solitude en sueur ».

Le texte de L. Joffrin, « La régression française », peut être classé dans

Objectif : appropriation du discours descriptif

Fonctions	Réalisations linguistiques (variables en fonction des objets décrits)	Exemples de textes (extraits)	Démarche pédagogique
A. Fonctions de caractérisation Nommer Localiser / situer Qualifier / caractériser Comparer / opposer Contraster **B. Fonctions de commentaire** (appréciative / dépréciative)	Substantifs Adjectifs Comparatif / superlatif Groupes prépositionnels Verbes d'état et verbes qui fonctionnent comme tels Formes verbales : présent et imparfait Participes présent / passé Syntaxe de l'apposition Adverbes de manière Propositions relatives et participiales	• Robbe-Grillet, *La Jalousie*, Éditions de Minuit • Roland Barthes, *Mythologies*, Le Seuil • Braudel, *La Méditerranée*, Flammarion	**Démarche :** donner à comprendre les textes et faire réagir les étudiants, pour arriver progressivement à une compréhension exhaustive. L'animation est non directive sur le contenu et directive sur les procédures. **Phase 1.** Repérage des formes (lexique, syntaxe), de la description, de la localisation et aussi des autres aspects discursifs (topicalisation). **Phase 2.** Faire la synthèse des observations. **Phase 3.** Répéter l'opération sur plusieurs textes descriptifs pour arriver à en dégager les procédés d'organisation. **Phase 4.** Production : donner aux étudiants des objets à décrire (personnages, lieux, comportements). Utiliser par exemple les techniques « à la manière de », à partir d'auteurs contrastés. **Phase 5.** Évaluation formatrice.

Dans le discours littéraire, les fonctions descriptive et narrative sont imbriquées et leur articulation doit être objet d'étude.

les textes dit « expositifs ». En fait, on y décrit un état actuel de la société française, des attitudes, des croyances, les choix qui ont été faits, les comportements des trois principales classes sociales et l'émergence d'un groupe restreint qui fait présager le retour de la morale. Ce texte peut être traité comme un texte descriptif. On y recherchera les modes de caractérisation des « objets » sélectionnés par l'auteur comme représentatifs de la « régression ».

Il n'en est pas de même des textes de A. Deleu et J.-P. Dufour qui, eux, sont construits autour de la problématique du repos du dimanche. Une problématique, d'après la définition de P. Charaudeau[1], propose un « questionnement qui met en opposition deux assertions, à propos de la validité desquelles on est amené à s'interroger ». Dans le cas du « repos du dimanche », les deux assertions portent sur l'interdiction de l'ouverture des magasins le dimanche. Les deux syndicalistes qui s'expriment ont des positions différentes, mais chacun construit son argumentation sur la même problématique.

Un texte qui n'est qu'expositif, nous l'avons vu, peut être traité de la même façon qu'un texte descriptif, en analysant le contenu, l'organisation, les marques descriptives (lexique et syntaxe), les marques expressives et l'effet recherché. La compréhension d'un texte argumentatif nécessite d'abord la prise de conscience du déroulement de l'argumentation. Pour un lecteur habitué à en saisir les indices, la compréhension sera aisée. Pour les autres, un entraînement est nécessaire. Toutes les argumentations n'ont pas des charnières visibles. Pour un apprenant de L. E., la compréhension est facilitée lorsque leur présence est marquée par des indices. Mais on ne peut se contenter de présenter des textes qui seraient trop visiblement charpentés et ne correspondraient pas aux normes habituelles.

Pour faciliter la perception du déroulement argumentatif, il est donc très utile de proposer des guides de lecture qui donnent une indication de l'organisation du contenu. Dans un premier temps, ils servent à faciliter la lecture. Ils permettent d'élaborer un résumé des textes pour en mémoriser le contenu. Ils sont un point de départ pour l'analyse du déroulement interne de chacun des points de l'argumentation : quels procédés linguistiques sont utilisés pour marquer les diverses fonctions argumentatives, pour exprimer la cause, pour justifier, réfuter, introduire une restriction, nuancer, etc., et quelles sont les marques de la présence du sujet énonciateur, quelles indications peut-on en tirer en ce qui concerne ses intentions de départ ? Sans un guidage de ce type, les étudiants ont beaucoup de mal à entrer dans les arcanes des modes

---

1. *Grammaire du sens et de l'expression*, Hachette, 1992.

argumentatifs qui, on le sait, sont marqués culturellement. Après un certain temps passé à étudier des textes, on peut leur demander d'en dégager eux-mêmes les déroulements argumentatifs puis d'élaborer des argumentations de type voisin sur des sujets qui leur sont familiers.

Pour donner une idée plus concrète de cette approche, nous présentons ci-après (pp. 86-87) deux tableaux :

– un tableau comportant des exemples de fonctions que l'on peut rencontrer dans un texte argumentatif, ainsi qu'une démarche pédagogique ;

– un tableau mettant en évidence quelques schémas d'argumentation orale, extraits d'une interview publiée dans *Archipel 3*, dont on retrouvera une partie de la transcription dans la section *Documents annexes*, p. 138.

3. Enseigner les « savoir-faire avancés »

On opposera, pour situer les choix fondamentaux, deux types de programme :

– un programme où l'acquisition des savoir-faire est séparée de l'acquisition des contenus linguistiques et énonciatifs ;

– un programme qui est défini en intégrant la perspective du sujet apprenant aux contenus d'apprentissage, c'est-à-dire qui vise à faire découvrir les aspects linguistiques et énonciatifs à travers l'analyse des textes et à assurer leur appropriation par la production orale et l'écriture.

C'est dans cette dernière perspective que nous nous situons pour définir le programme d'acquisition suivant :

– **savoir lire**, programme qui comporte deux volets : entraîner à comprendre tous les aspects de la signification d'un texte et à en retenir les informations principales pour pouvoir les réutiliser ;

– **savoir écrire**, c'est-à-dire transférer les savoirs acquis de la lecture à l'écriture. Ce savoir peut se subdiviser en : savoir décrire, savoir raconter, savoir argumenter ;

– **savoir s'exprimer à l'oral**, qui comporte deux volets : un savoir communiquer et un savoir argumenter.

Tous ces savoirs, répétons-le, ne devraient pas commencer à s'acquérir aux niveaux avancés, mais dès le début de l'apprentissage. J'en décrirai une acquisition possible, de la manière la plus synthétique et la plus concrète, pour que les informations en soient facilement utilisables, et en renvoyant le lecteur, si nécessaire, aux activités pédagogiques relevant de ces apprentissages précédemment décrites dans cet ouvrage.

Objectif : appropriation du discours argumentatif

Fonctions	Réalisations linguistiques	Exemples de textes	Démarche pédagogique
Expliquer un phénomène Exprimer les conditions Justifier une conséquence Réfuter une explication Démontrer Persuader Présence du sujet énonciateur (prise de position sur le fond et mise en valeur de la forme)	Réalisations des rapports logiques sous-jacents à l'argumentation La cohérence (reprises anaphoriques, liens interphrasiques) Modalisation à l'oral et à l'écrit (prise de position du sujet sur l'énoncé : le possible, le probable, l'inéluctable...) Marques expressives (métaphores, intonations, segmentations, ponctuations, pauses)	• « Pour ou contre le repos du dimanche », *Autrement* • « La solitude en sueur », *Libre Échange 3* • Interview sur la ville, *Archipel 3*, Didier	**1.** Entraîner à lire rapidement le texte pour en dégager le thème. **2.** Relever la problématique et demander de faire un résumé du texte pour en dégager les informations principales (travail en groupe), d'abord avec l'aide des grilles et ensemble, puis sans les grilles. **3.** Repérer les marques des diverses fonctions argumentatives / des modalisations / des moyens expressifs. **4.** Production : – travail ponctuel de reformulation des diverses fonctions, des modalisations et des formes expressives à partir de petits textes et de paragraphes ; – rédaction de textes à partir d'une problématique à argumenter. **5.** Évaluation formatrice : – correction collective du texte d'un étudiant ; – réécriture par l'enseignant de textes et comparaison en groupe du texte de départ et du texte réécrit.

Schémas d'argumentation orale

Problématique : passage d'une civilisation de type rural à une civilisation de type urbain (*Cf. Documents annexes*, p. 138)

a. Simple schéma d'opposition

Argument 1	Opposition	Argument 2
Paradoxalement, on n'en parle pas beaucoup	alors qu'	en fait, on devrait en parler davantage pour essayer d'y remédier.
C'est une ville à l'échelle de l'homme	alors que (tandis que)	dans une ville comme Londres, on se sent complètement perdu.

b. Schéma explicatif : schéma oppositif suivi d'une explicitation de la conséquence

	Deux énoncés en opposition		Conclusion
C'est un fait qu'il y a un problème, à Châlon	mais malgré tout	il y a encore une mentalité paysanne en ce sens que les gens ont toujours de la famille à la campagne,	*donc*, ils ont encore des liens avec le mode de vie précédent, *ce qui fait qu'*il y a un certain nombre de valeurs qui subsistent.
Un village s'est fait au fil des ans	tandis que	dans une tour de ZUP, les gens viennent du jour au lendemain	*donc* il ne peut pas y avoir de relations entre les gens.

c. Schéma justificatif

Énoncés en rapport de cause à conséquence	Explicitation d'une conséquence majeure	Justification de cette conséquence
Il y a eu un développement considérable qui a supposé des transferts de population importants.	*Donc*, ce qui s'est passé, c'est qu'on a paré au plus pressé, on a construit des ZUP pour loger les gens.	*Mais maintenant*, on critique les ZUP. En fait, il faut *quand même* voir ce qu'il y avait avant.

Exercice : utilisez les schémas ci-dessus pour construire une argumentation sur un thème que vous choisirez (pollution, individualisme, insécurité, urbanisme, etc.).

3.1. Savoir lire

Pour que la lecture soit ressentie comme « un vice impuni » (Valéry Larbaud) ou « un plaisir divin » (Marcel Proust), il faut que, pour l'étudiant, l'**accès au sens** soit facile, ou même immédiat, pour certaines parties du texte, et en tout cas qu'il soit considéré comme une possibilité rapprochée, quasi immédiate.

Certains ouvrages étudient de manière systématique et fouillée les processus de compréhension. Les points de vue et les méthodes sont divers. Ceux qui sont intéressés par ces aspects théoriques liront avec profit l'ouvrage collectif *Parcours et procédures de contruction du sens*, M.-J. De Man, De Vriendt, Éd. De Boeck, Université, 2000.

Je me contenterai ici d'indiquer le rôle de l'enseignant en tant que médiateur de cet apprentissage. Que peut-il faire pour faciliter les procédures qui incitent l'étudiant à se prendre en charge et à acquérir le plus rapidement possible une autonomie de lecture en L. E. ? Je rappellerai les directions de travail déjà évoquées précédemment en les précisant :

– mettre les étudiants le plus tôt possible en situation de lecture en choisissant les textes en fonction de leur niveau, de leurs intérêts et de leurs goûts ;

– privilégier l'acte de compréhension plutôt que l'explication professorale (*cf.* « Expliquer ou comprendre ? », Courtillon J., in *Parcours et procédures de construction du sens*, Éd. De Boeck, 2000) ;

– concevoir des exercices adaptés aux objectifs de lecture et qui vont de la découverte des sens au repérage des formes.

Accomplir ce programme suppose qu'on informe les étudiants sur les objectifs et la méthodologie utilisée. Savoir lire signifie d'abord utiliser les bonnes stratégies de lecture.

Il faut essayer de faire comprendre ces stratégies à la fois en les décrivant et en les traduisant en consignes.

Consignes générales de lecture

Il ne faut jamais traduire systématiquement un texte que l'on lit dans une langue étrangère. Il faut lire une phrase d'un bout à l'autre en essayant d'en dégager le sens à partir des mots que l'on reconnaît. Si sens est imprécis, mais donne une certaine idée du texte, on poursuit la lecture jusqu'à la fin du paragraphe ou d'un groupe de phrases qui semblent former un tout. À partir de cette première configuration du sens qui s'est mise en place, on revient en arrière, on relit chaque phrase, jusqu'à ce que le sens soit presque satisfaisant. Mais il faut tolérer une certaine ambiguïté au début de l'apprentissage, sinon on ne parviendra pas à lire un texte en entier.

Si on travaille seul, ou même en classe, devant un mot inconnu, il faut d'abord essayer de deviner son sens en se demandant s'il ressemble à un mot de sa langue maternelle ou à un mot d'une autre langue que l'on connaît, si le contexte peut aider à comprendre. Si on ne réussit pas à trouver un sens satisfaisant, et que le mot est important pour comprendre la phrase, alors on utilise le dictionnaire. Mais tous les mots n'ont pas la même importance pour comprendre le sens fondamental. Au début, il faut laisser de côté certains adjectifs qui n'apportent que les détails, de nature descriptive par exemple.

• L'écrémage et le balayage du texte

Ce sont des stratégies qu'il faut acquérir, car elles vont permettre d'accélérer la vitesse de lecture et sont nécessaires pour être un « bon lecteur ».

L'*écrémage* (en anglais *skimming*) est l'activité décrite dans le début du paragraphe ci-dessus. Il s'agit de parcourir rapidement le texte pour s'en faire une idée : de quoi parle-t-il ?

Le *balayage* (en anglais *scanning*) consiste à parcourir un texte comme un scanner parcourt une partie d'un organisme ou d'un objet à la recherche d'une information précise. On peut faire des exercices qui demandent de balayer le texte, de le parcourir très rapidement en ne s'arrêtant que sur les noms propres, par exemple, ou bien de le parcourir à la recherche d'une idée qui y est exprimée.

Les deux activités, écrémage et balayage, sont essentielles à développer si l'on veut acquérir la capacité à lire des textes informatifs, justement parce qu'elles permettent de dégager rapidement l'information apportée par un texte.

Les textes littéraires ne se lisent pas de la même façon, car on n'y recherche pas de l'information, mais du plaisir, et aussi l'occasion de réfléchir. Ils alimentent la pensée d'une autre manière.

• Le carnet de notes

Quand on aborde la lecture par la découverte, il faut avoir un carnet de notes avec les rubriques suivantes :

– *vocabulaire* : vous notez les mots que vous n'avez pas bien mémorisés et qui vous paraissent importants ;

– *grammaire* : quand vous faites une activité de « découverte des règles », vous notez, sous forme de tableaux clairs, les aspects grammaticaux que vous avez compris. Ces pages vous serviront, au début, pour vérifier que vous utilisez bien la bonne forme ;

– *phrases* : vous notez seulement quelques phrases que vous avez remarquées parce qu'elles sont belles ou très utiles.

En utilisant ces techniques, vous pouvez apprendre à lire seul(e) toutes sortes de textes qui vous paraissent intéressants et que vous avez trouvés dans des journaux, revues ou livres français.

Principes et stratégie de lecture et de production

Principes	Stratégies
Lire n'est pas traduire.	Écrémer et balayer en se servant des mots transparents.
Comprendre, ce n'est pas comprendre tout ou rien.	Tolérer l'ambiguïté.
La compréhension est graduelle.	Relire plusieurs fois.
Comprendre, c'est parfois deviner.	Inférer.
Pour comprendre et mémoriser, il faut retourner souvent au texte et le relire.	Repérer mentalement des phrases.
Pour produire, il faut commencer par faire des phrases simples à partir de ce qui est compris et mémorisé.	Élaborer.
Il faut souvent travailler en petits groupes.	Coopérer / contrôler les émotions.
Il ne faut pas avoir peur de faire des fautes en prenant des risques.	Solliciter la vérification (Peut-on dire ?)
Reformuler des phrases dont on n'est pas sûr.	S'auto-évaluer.

La compréhension des textes étudiés au niveau avancé ne tolère pas l'ambiguïté, mais les principes de lecture sont les mêmes. La traduction doit être entièrement bannie, car elle empêche la « prise d'indices » qui conditionne la lecture. Lorsqu'un mot est incompris, il sera soit deviné, soit recherché dans le dictionnaire. Mais si la phrase n'est pas totalement comprise à la première lecture, elle doit être relue plusieurs fois avant que l'on s'attache à en comprendre le mot à mot. Lorsque le texte est marqué par des modalités qui traduisent le point de vue du scripteur sur ce qu'il écrit, des exercices seront fournis pour que les étudiants en prennent conscience. Par exemple, on leur demandera de relever les attitudes du scripteur et les formes qui les véhiculent. Ils pourront être confrontés à des choix d'interprétation : le scripteur doute / approuve / conteste / nuance / critique, etc. les faits ou les points de vue qu'il rapporte ? Il est choqué / surpris / ironique, etc. ? Ce type d'exercice sera demandé aussi bien au niveau de la reconnaissance que de la production.

La lecture des textes comporte donc deux aspects qu'il ne faut pas confondre :

– l'aspect « compréhension » qui suppose accès direct au sens par prise d'indices pour dégager rapidement l'information, et qui interdit la traduction ;

– l'aspect « interprétation » qui est une prise de distance par rapport au texte et se produit dans un deuxième temps, quand on s'interroge sur les divers messages que contient le texte.

La prise de conscience du « schéma » : une aide à la lecture

Des études ont montré que l'organisation du texte, que les didacticiens anglo-saxons appellent « schéma », joue un rôle dans le processus de compréhension. Les schémas qu'ils décrivent sont fondés sur une typologie logique, mais ils entretiennent une certaine affinité avec les caractéristiques discursives que nous avons décrites plus haut. Ce sont les schémas de type *collection* (liste d'idées ou de faits), de type *description* (attribution de qualités), de type *causal*, de type *solution de problèmes*, de type *comparaison*. Il a été observé que les textes ayant un fort ancrage cognitif, comme la causalité, la résolution de problèmes et la comparaison, se mémorisent plus facilement que les textes de type *collection* et *description* ainsi que les textes strictement organisés (dont les marques sont apparentes).

Quelle traduction pédagogique peut-on donner à ces observations ? Pour les textes à « forte charge cognitive », les textes argumentatifs, une solution existe et peut être utilisée : la présentation d'une grille de lecture accompagnant le texte et montrant les enchaînements, c'est-à-dire les rapports logico-discursifs qu'entretiennent les différentes parties du texte.

Pour la perception des textes descriptifs et narratifs les plus concrets, on peut essayer de solliciter la capacité de « mise en images », de représentation visuelle que génère le texte. Sur quels objets, lignes, couleurs, formes attirer d'abord l'attention pour que le tableau commence à se mettre en place ? Des étudiants peu entraînés à la lecture peuvent être amenés à souligner les mots qui indiquent ces lignes de force pour que, au fur et à mesure, le tableau se précise (*cf.* « Fabrice à Waterloo », *Documents annexes*, p. 129).

On peut ainsi utiliser des textes qui se prêtent le mieux à la visualisation, procéder à une « compréhension-mise en images » progressive pour arriver finalement à dessiner le texte. Ceci est partiellement possible avec *La Jalousie* de A. Robbe-Grillet (*cf. Documents annexes*, p. 128).

Le passage du mode visuel de représentation au mode verbal peut être opéré intentionnellement, comme le montre l'exemple ci-dessous, extrait de *Archipel 1*, Didier, 1990. Le passage est opéré par un auteur qui est à la fois peintre et écrivain. Il ne peut être donné en modèle dans la mesure où il nécessite des qualités inhabituelles et que l'intention en est de mettre en évidence la continuité dans l'art de Matisse. Mais il peut encourager à lire les textes descriptifs, souvent considérés comme « ennuyeux », en montant que ce qu'on lit peut être vu et que ce que l'on voit peut être écrit.

UN PEINTRE : MATISSE

Matisse : La blouse roumaine.
© Succession H. Matisse
« Fond : Rouge-Orange, éclatant.
Jupe : Bleu intense.
Visage et mains : Rose uni.

Œuvre capitale de 1940. Pourquoi ?

Parce que le Blanc de la blouse est le Blanc même de la toile et c'est déjà la pureté blanche du mur de la Chapelle de Vence. Parce que, chaque couleur est un aplat pur et c'est déjà le mur-vitrail de la Chapelle de Vence.

Parce que le graphisme noir est une signature rapide qui, d'un seul jet, cerne la lumière et qu'il est déjà le cerne qui dans le ciel de Vence découpera un ovale si pur de lumière, qu'il sera — à lui seul —
le visage de Marie.

Visage qui ici, parce qu'il est rose, parce qu'il a deux yeux, un nez et une bouche est encore un visage corruptible.

Visage qui, demain à Vence, parce qu'il sera blanc, parce qu'il n'aura ni deux yeux, ni un nez, ni une bouche, sera un visage incorruptible, car à défaut d'être,
le visage d'une femme
ou le visage de Marie
il est le visage de la Lumière. »

Noël ÉMILE-LAURENT
Artiste peintre, écrivain
5 avril 1982.

Archipel 1, Didier, 1990.

Lorsque le texte relève de la description de comportements, d'attitudes, de points de vue ou de la définition – comme c'est le cas avec le texte de R. Barthes, extrait de *Mythologies* (*cf. Documents annexes*, p. 131) –, pour faciliter la perception, on peut classer les traits descriptifs que l'on va donner à repérer, qui rendront le texte plus concret. Il s'agit en fait de proposer des sortes de guides de lecture adaptés aux textes.

Les procédés descriptifs efficaces peuvent parfois être d'ordre syntaxique. C'est le cas du texte sur la Méditerranée de F. Braudel (*cf. Documents annexes*, p. 131) qui utilise une syntaxe répétitive traduisant les mouvements de la houle à la surface de la mer. Ce type de texte ne s'oublie pas. En proposant des textes, il faut être conscient de l'impact qu'ils ont sur les étudiants lorsqu'on peut les traduire en images.

3.2. Savoir écrire

En résumé, le premier aspect d'une démarche d'acquisition d'une compétence de niveau avancé peut être décrit comme le développement de la capacité à lire des textes choisis pour leurs qualités expressives et à en dégager les éléments susceptibles d'être intégrés à la capacité de production. Autrement dit, il s'agit de ménager le transfert à l'écriture de ce qui a été acquis à travers la lecture.

Le transfert de la lecture à l'écriture

Ce transfert peut être ménagé par la pratique du *repérage* et de la *production « à la manière de »*. Il ne s'agit pas de faire produire une imitation de chaque texte étudié, mais de proposer, à des intervalles qui restent à déterminer, une rédaction de texte « à la manière de » en suggérant un sujet ou en offrant à l'élève le choix du sujet ou du modèle qu'il a envie d'utiliser. Si plusieurs modèles descriptifs, narratifs ou argumentatifs ont été étudiés à partir de textes, on se rend compte qu'il n'y a jamais en réalité pure reproduction de modèles, mais que l'ensemble des modèles précédemment étudiés fonctionnent comme une source d'inspiration. On retrouve dans les productions des étudiants les différents procédés qu'ils ont intégrés, privilégiés et traités de manière personnelle. Il faut noter que le désir personnel de traiter un sujet particulier est un moteur puissant de l'écriture. Un sujet imposé peut convenir à certains, mais pas à tous. Cependant, plus on avance dans l'écriture, plus on est à même de se distancier des modèles et de traiter des sujets imposés.

La consolidation des savoirs linguistiques

Le second aspect d'une démarche d'acquisition à ce niveau réside dans la consolidation et l'amélioration des savoirs linguistiques. C'est un travail sur la langue qui met en jeu la stratégie d'élaboration. Cette stratégie précédemment décrite consiste à identifier des modèles, à faire des associations, à choisir les connaissances qui se trouvent déjà dans la mémoire à long terme et à les mettre en relation avec les nouvelles connaissances. Cet aspect de l'apprentissage linguistique peut être instillé dans la démarche générale d'écriture de textes, décrite plus haut, sous forme d'exercices d'entraînement syntaxique et lexical.

Les exercices qui aident à élaborer sont ceux qui imposent une réécriture, une nouvelle construction de la phrase, qui font donc appel aux ressources linguistiques de l'apprenant et l'incitent à trouver la solution au problème d'expression qui lui est posé. Par exemple, réécrire une phrase avec une contrainte de départ :

« En montant, nous éprouvons une souffrance d'autant plus forte que l'altitude est élevée » :

Plus...
La souffrance augmente...
Au fur et à mesure...

Ou encore associer des mots du lexique à un thème, travailler sur les métaphores et composer des phrases, textes, afin d'exercer sa sensibilité lexicale.

D'une manière générale, les exercices suivants aident « à élaborer » :
– résumer un paragraphe ou, à l'inverse, développer une idée ;
– paraphraser, reformuler, avec ou sans contrainte de départ ;
– mettre en relief un élément de la phrase (topicalisation) ;
– changer un aspect de la phrase : la modalité du scripteur, les rapports logiques, etc. ;
– écrire ou réécrire des titres ;
– trouver des métaphores.

Cette liste n'est pas exhaustive. On peut imaginer beaucoup d'autres exercices en gardant à l'esprit la différence qu'il y a entre « donner à écrire, ou à réécrire » et « faire reproduire » un modèle linguistique qui est l'illustration d'une règle de grammaire. En parcourant les diverses méthodes de L. E., on peut ainsi repérer et choisir les exercices qui font « élaborer » et ceux destinés seulement à faire « mémoriser ».

À ce niveau, les exercices portant sur la langue peuvent constituer une détente. On évoluera entre deux pôles : une consolidation syntaxique et grammaticale (exploration des possibilités de la langue) et un approfondissement lexical (intention de « créativité »).

Comment organiser un programme ?

Organiser un programme suppose avant tout de tenir compte des besoins et des souhaits de la classe. On peut considérer que « savoir décrire » et « savoir argumenter » ou « exposer un point de vue » correspondent aux besoins écrits les plus fréquents des niveaux avancés, tandis que « savoir raconter » est un savoir spécifique du discours littéraire. Nous ne sommes plus dans une civilisation de conteurs, mais le récit demeure un genre littéraire majeur, et enseigner une compétence de « reconnaissance », c'est-à-dire entraîner les étudiants à reconnaître des styles narratifs différents, peut être un objectif stimulant, surtout dans des classes qui ne visent pas une certification nationale autre que littéraire.

Pour enseigner un « savoir décrire », on pourra choisir en fonction des besoins généraux ou spécifiques (discours de spécialistes) parmi les « objets » les plus courants des discours descriptifs : les personnes (portraits), les objets géographiques et sociaux (un pays, une province, un peuple, une ville, des costumes, des fêtes, la gastronomie [boisson ou plat national], un système politique, une situation sociale, scolaire, scientifique, culturelle, etc., et naturellement des objets artistiques).

Le discours peut être destiné soit au « grand public », c'est-à-dire vulgarisé, soit à des spécialistes, soit encore être un discours littéraire. Les choix se feront en fonction des niveaux de lecture atteints par les étudiants et de l'intérêt du texte. On préférera toujours un texte plus « lisible », c'est-à-dire plus organisé et portant des marques expressives, mais ne constituant pas l'idiolecte d'une classe sociale restreinte, comme c'est le cas dans certains magazines à la mode.

« Savoir argumenter » ou « exposer un point de vue » à l'écrit est à la base des différents travaux, exposés ou rédactions, qui constituent les épreuves sanctionnant en général les niveaux avancés. L'entraînement à écrire ce type de textes devrait d'abord se faire en utilisant des problématiques contemporaines, familières à tous, et en y intégrant les comparaisons interculturelles qu'elles entraînent. Ce qui revient aussi à intégrer les aspects discursifs qu'impliquent ces comparaisons. Les différents modes de réalisation du discours argumentatif – ainsi d'ailleurs que du discours descriptif – s'acquièrent en un long processus dont on peut considérer que l'aboutissement ne sera jamais atteint. C'est pourquoi des styles d'argumentation – et de description – variés, mais efficaces, devraient être proposés à l'appréciation des étudiants qui choisiront parmi ceux qui leur correspondent le mieux.

Comment évaluer périodiquement les acquisitions ?

L'évaluation périodique de la compréhension des textes et de la production écrite de l'étudiant est indispensable parce qu'elle permet de concrétiser ses points faibles et d'orienter ses efforts futurs.

Les grandes lignes de l'évaluation ont été données dans le *chapitre 2*. Il s'agit de les adapter aux savoir-faire précis que l'étudiant de niveau avancé est en train d'acquérir.

À ce niveau de compétence, évaluer la capacité à lire ne consiste plus à évaluer la compréhension immédiate, littérale de l'étudiant, car il a dépassé ce niveau, mais à évaluer sa capacité à reconnaître la structure ou l'organisation du texte et son expression formelle. Mais ce n'est pas aisé. Sans doute faut-il procéder par étapes, en ménageant le passage d'un premier niveau de reconnaissance, erratique et ponctuel, à un niveau où l'on est capable de percevoir la structure du texte, condition nécessaire à l'acquisition d'une compétence de production.

Un premier temps de l'évaluation pourrait consister à donner un schéma d'organisation du texte et à en faire retrouver les composantes par l'étudiant.

Par exemple, à partir des extraits du texte de R. Barthes sur « le vin et le lait[1] », on peut proposer le « schéma » suivant, qui encadre les traits

1. *Cf. Documents annexes*, p. 131.

descriptifs choisis par R. Barthes pour définir le vin en tant que boisson nationale française.

Quels traits caractérisent chaque rubrique ?

– Le sens profond du vin :

un bien propre aux Français / une boisson-totem / sec de soleil et de terre / son état de base est le sec / la substance mythique contraire est l'eau.

– Le comportement des Français vis-à-vis du vin :

boire du vin est rechercher le plaisir et non l'ivresse / savoir boire est une technique nécessaire à l'intégration / le vin remplit une fonction sociale dans la vie quotidienne.

– Le vin défini par son contraire :

le contraire du vin n'est plus l'eau, mais le lait, cela est dû à des circonstances historiques / le lait est l'anti-vin : contraire au feu, dense et crémeux, pur, associé à l'innocence et gage de force ; le vin et le lait sont en opposition : le vin est mutilant et chirurgical ; le lait cosmétique.

(N.B : le texte en italique est un exemple de réponses attendues.)

Ce premier niveau d'évaluation permet de juger la capacité de l'étudiant à synthétiser des contenus partiels. Il pourrait aussi comporter un bref commentaire du lecteur exprimant son point de vue sur ce mode descriptif.

Si on définit la compétence d'un bon lecteur « de niveau avancé » comme la capacité de saisie de l'ensemble des composantes d'un texte, le deuxième niveau d'évaluation consisterait à lui demander de découvrir l'organisation du texte elle-même et son contenu. Il devrait alors réaliser un « schéma » ou plan de texte. Naturellement, plusieurs modes de perception et d'analyse sont possibles. Un texte « ne parle pas » à tous de la même manière. Ces plans devraient d'abord être jugés selon leur cohérence et leur adéquation aux contenus du texte.

Un autre mode d'évaluation, plus intuitif, pourrait allier la reconnaissance et la production. À partir d'un extrait du texte (un paragraphe), on demanderait à l'étudiant de reconnaître l'auteur : *Qui a écrit le texte ? Sur quels indices se fonde-t-il pour le reconnaître ?* Il devrait ensuite rédiger un paragraphe pour décrire un objet de sa culture nationale, en choisissant son propre style ou en imitant le texte de départ.

Peut-être certains jugeront-ils cette approche artificielle ou stéréotypée. Mais il ne faut pas oublier que savoir reconnaître un auteur fait partie de la compétence d'un adulte cultivé qui, en général, ne confond pas Sartre et Camus, Barthes et Lévi-Strauss, Nathalie Sarraute et Marguerite Duras, s'il s'intéresse aux auteurs contemporains. C'est le cas le plus fréquent pour les étudiants qui poursuivent des études de français à l'étranger jusqu'à un niveau très avancé.

En tout cas, si l'on en juge au plaisir que les étudiants éprouvent à rédiger des textes « à la manière de » et à la qualité de leur copie, on peut estimer qu'ils en retirent un certain profit. Cela impose, répétons-le, la fréquentation de textes de styles divers et contrastés.

En ce qui concerne le discours argumentatif, le mode général d'acquisition et d'évaluation de la production pourrait comporter la même suite logique :
– savoir reconnaître l'organisation d'ensemble d'un texte ;
– en résumer le contenu ;
– donner son point de vue sur un problème en argumentant.

En résumé, savoir écrire, aussi bien que savoir parler, c'est avoir à sa disposition, non pas immédiate, comme c'est le cas pour l'oral, mais légèrement différée, des « modèles intégrés » de discours de la L. C. qui ne s'improvisent pas. Si on ne les possède pas, on est amené pour écrire à penser le texte dans sa L. M., à essayer de le traduire dans la L. C., et donc à prendre le risque de produire un texte composé de « calques » de la L. M. Pour acquérir progressivement ces modèles, il faut « fréquenter » les textes, en mémoriser l'expression et s'exercer à l'écriture sur des passages brefs et ensuite plus longs.

Mais, comme pour l'oral, l'acquisition suppose non seulement fréquence mais aussi interactivité avec le discours, c'est-à-dire la possibilité de comparer les différentes formes d'expression produites et de les évaluer. Dans les niveaux avancés, on attend tout, pour l'évaluation, du professeur qui note et qui commente. C'est insuffisant. Il faut utiliser les capacités d'évaluation des étudiants, en leur proposant, de temps en temps, d'évaluer des textes produits par l'un d'entre eux, et de les juger, non seulement en termes de correction linguistique, mais aussi de cohérence et d'expressivité. Ces évaluations devraient se faire d'abord en petits groupes et être ensuite mises en commun dans la classe.

Un autre exercice faisant fonctionner la stratégie d'évaluation consiste pour le professeur à réécrire lui-même le texte d'un étudiant et à faire comparer sa réécriture à celle de l'étudiant (travail de groupe) pour activer la prise de conscience des différences.

La stratégie d'évaluation, fondamentale dans l'apprentissage, est totalement ignorée, au bénéfice de l'esprit de compétition qui aboutit, dans l'enseignement secondaire, au culte de la note.

3.3. Savoir s'exprimer à l'oral

Il est intéressant à ce niveau de considérer deux types de compétence :
– savoir communiquer ;
– savoir exposer et argumenter.

La première compétence intéresse tous les apprenants. La seconde n'intéresse que ceux qui s'engagent dans un cursus universitaire.

Savoir communiquer, c'est d'abord savoir comprendre. Nous l'avons vu, ce savoir-faire doit être initié dès le niveau des débutants. Les activités spécifiques du niveau avancé vont consister à poursuivre et à développer des capacités à comprendre et à s'exprimer. C'est le niveau où l'on s'efforcera d'acquérir la compréhension immédiate, non seulement des conversations de la vie quotidienne, mais des discours des médias (radio et télévision), du cinéma et du théâtre, et de toutes les formes de discours intéressant les élèves.

Pour cela, il faut d'abord se débarrasser du réflexe professoral scolaire qui consiste à choisir un document pour l'« exploiter » en raison de son intérêt linguistique et culturel. Ce réflexe est la négation du besoin fondamental de comprendre la L. E. On ne peut échanger véritablement avec des membres d'une communauté linguistique dont on ne comprend pas une grande partie des discours ambiants.

On objectera que cela peut ne pas être le but poursuivi par certains étudiants qui n'auront pas la possibilité de vivre dans le pays où est parlée la L. C. Sans doute, mais alors, c'est négliger l'intérêt culturel qu'il y a à comprendre des discours traduisant la représentation des modes de pensée et d'expression d'une communauté autre que la sienne, incluant l'humour, même si c'est la forme d'expression la plus difficile à comprendre. La compétence de compréhension offre un intérêt culturel et pas seulement utilitaire.

Pour se déconditionner du réflexe d'« exploitation » d'un document, il faudrait envisager des cours axés sur la seule compréhension, et où l'expression ne serait pratiquée que pour éclairer et commenter le sens des documents donnés à comprendre, documents choisis pour leur intérêt culturel (représentatifs de traits nationaux divers).

On peut trouver dans le cinéma, dans certaines émissions de télévision et chez les humoristes des documents caractéristiques, véhiculant des traits représentatifs de l'expression orale d'une communauté donnée.

Un exemple de mise en œuvre d'une « macrosimulation »

La simulation est un exercice irremplaçable. L'expression orale de niveau avancé peut couvrir des registres divers : échanges sociaux, familiers ou standard, sur des sujets de préoccupation partagés tels que la famille, les amis, la santé, les projets, l'actualité, etc. Ce type de communication requiert un minimum de connaissances linguistiques et discursives qui ont pu être acquises avant les niveaux avancés. Cela ne me paraît pas être l'objet principal d'étude à ce niveau, mais si le besoin s'en fait sentir, on peut les faire observer à travers des films ou des reportages, et dans une perspective culturelle.

La majorité des étudiants inscrits dans les niveaux avancés ont pour objectif l'acquisition d'un registre oral qui n'est pas celui de la conversation quotidienne, mais plutôt celui de la discussion ou échange d'idées, de la résolution de problèmes, de l'exposé par ceux qui recherchent une inscription à l'Université. Il s'agit de savoir-faire oraux spécifiques des niveaux avancés qui doivent être acquis aussi bien en L. E. qu'en L. M. C'est à ce type de savoir-faire que nous nous intéressons ici.

En classe de langue, la pratique la mieux adaptée à l'exercice et à l'acquisition de ces savoir-faire est sans doute la *simulation*. En effet, elle seule met l'étudiant en situation de réaction immédiate, qui est la condition même de l'échange oral. Cette pratique doit être accompagnée d'exercices de synthèse et de mise en valeur des idées exprimées, car sans une capacité d'expression synthétique et efficace, il est difficile de bien réagir en situation.

La pratique des simulations nécessite deux conditions fondamentales : la création de situations et la participation des étudiants en tant qu'acteurs jouant des rôles dans ces situations, dont ils ne connaissent pas l'issue finale. Elles peuvent être longues (on les appelle parfois « globales ») ou plus réduites, c'est-à-dire qu'elles peuvent s'étaler sur la durée d'un cours ou constituer des documents du cours.

Nous donnerons la parole à Christine Mestre[1] pour décrire le fonctionnement d'une simulation globale mais, auparavant, nous donnerons quelques indications pour un mode de préparation possible des étudiants à des simulations qui nécessitent un savoir-faire argumentatif.

On peut, par exemple, les entraîner à ce savoir-faire à partir du film d'Éric Rohmer, *L'Arbre, le Maire et la Médiathèque*. On peut ainsi étudier l'expression de différents rôles : celui d'un maire, d'un instituteur, d'un promoteur ou d'un architecte, et de différents habitants d'un village discutant ou exprimant leur point de vue sur l'implantation future d'une médiathèque qui va changer la vie du village et le rapport aux espaces verts. Certaines de ces personnes sont réunies pour discuter de l'implantation, en faire comprendre l'intérêt ou le contester. D'autres situations permettent aux habitants du village de s'exprimer en donnant des arguments pour ou contre. On peut donc analyser l'expression de chacun du point de vue de l'attitude (rôle psychologique et rôle social) et des arguments en rapport avec ce rôle. Cette étude préalable, qui peut être plus ou moins rapide selon le niveau des étudiants, peut servir de base à l'élaboration d'une simulation où seront créés des rôles et des situations centrés sur la réalisation d'un projet (exposé et discussion du projet, consultation de différents partenaires et prise de

---

1. *Cf.* « Pour une pratique intensive de l'oral : la macrosimulation », *Documents annexes*, p. 150.

décision) entraînant divers aléas, jusqu'à la prise de décision finale que l'on ne connaît pas au départ. L'intérêt de la simulation est de créer de l'imprévu, en fonction des réactions des divers participants, réactions qu'ils ne connaissent pas eux-mêmes à l'avance puisqu'elles sont suscitées dans et par l'échange. D'où la forte motivation créée par la simulation.

Pour « optimiser » la préparation d'une simulation de ce type, on attirera l'attention des étudiants sur les caractéristiques expressives suivantes : la fluidité, l'intonation expressive (accent d'insistance), les pauses, la syntaxe de l'oral (topicalisation ou mise en relief), c'est-à-dire la séparation syntaxique d'un élément de la phrase : « Ce projet, si vous voulez le mener à terme... » ; « Les espaces verts, croyez-moi, peu de gens en profitent ». Il faut également maîtriser les aspects fonctionnels du discours, c'est-à-dire des modes d'argumentation (introduction et déroulement d'un argument). Par exemple, on peut contredire dès l'abord et accumuler des explications ou nuancer et progressivement expliquer les raisons de son désaccord en essayant d'amener l'adversaire à partager son point de vue, etc.

La simulation peut également servir de cadre à l'exposé oral. Il est sans doute possible de qualifier ce genre d'« écrit oralisé », car la démonstration d'un point de vue argumenté en solo ne s'improvise pas. De brefs exposés peuvent donc être écrits au préalable et insérés dans des simulations où ils feraient partie du rôle joué par l'étudiant, qui peut ainsi s'entraîner à dire oralement un texte qu'il a préparé, acquérant progressivement la capacité à se détacher du texte écrit et à parler à partir de notes.

L'expression « niveaux avancés », nous l'avons vu, doit s'écrire au pluriel. Avant l'orientation « communicative » de l'enseignement des langues, on pouvait considérer qu'acquérir une compétence de niveau avancé consistait à progresser dans le « perfectionnement linguistique » pour arriver à « maîtriser » la langue. Ce vocabulaire n'a plus cours, parce que nous avons une autre conception de la compétence, qui n'est plus seulement linguistique mais « pragmatique » et « communicative », c'est-à-dire adaptée aux situations d'échanges.

Cela ne signifie pas que l'objectif linguistique a disparu. Au contraire, il est de plus en plus nécessaire, y compris en L. M., mais il est mieux défini en termes de **discours** qu'en termes de **langue**. Penser l'objectif en termes de langue signifie que l'on s'intéresse surtout à la grammaire, au lexique, à la syntaxe, en négligeant parfois l'organisation du texte et les procédés d'écriture qui conviennent à un domaine ou à un genre particulier (littéraire, journalistique, scientifique) et, à l'intérieur de ces genres, à des types de discours (descriptif, narratif, argumentatif). La linguistique de l'énonciation et la définition pragmatique du langage nous ont permis de diversifier la notion d'objectifs et de mieux définir la compétence, ou plutôt les compétences qui peuvent être multiples et consister en savoir-faire différents, parmi lesquels les apprenants peuvent choisir.

Le contenu d'un cours de niveau avancé peut ainsi être modulé en fonction des choix du public, organisé avec souplesse grâce à une progression discursive, permettant une meilleure évaluation des progrès accomplis : mesurer sa capacité descriptive ou argumentative dans tel domaine et à tel niveau, et non plus son « niveau de langue » générale. On peut donc dire que l'opérativité introduite dans la notion de compétence par le biais de la progression discursive devrait permettre une meilleure adéquation entre la demande et l'enseignement. D'autre part, l'adoption d'une pédagogie ménageant le passage de la compétence de compréhension à la compétence de production grâce à l'observation minutieuse de l'écriture et de l'organisation de textes de qualité garantit une acquisition plus rapide et moins aléatoire.

5

RÉPONSES
AUX QUESTIONS
DES PROFESSEURS

L'habitude de fréquenter les stages de formation en FLE et de communiquer avec les enseignants m'a donné l'idée de traiter séparément quelques aspects de la classe de langue, afin de répondre à des questions qui sont souvent posées par les professeurs.

Les cinq parties qui constituent ce chapitre ne sont donc pas reliées entre elles. Ce sont des réponses à des questions différentes, d'intérêt particulier ou général :

❶ Comment travailler en grand groupe ou comment gérer l'hétérogénéité ?

❷ Que signifie « apprendre à apprendre » ?

❸ Comment faire parler les élèves ?

❹ Comment utiliser un manuel de langue ?

❺ Comment enseigner la grammaire ?

Les réponses aux questions ❶ et ❹ correspondent à des besoins particuliers à certains contextes. Les réponses aux questions ❷, ❸ et ❺ sont de portée générale.

1. Comment travailler en grand groupe ?

Nous définissons le grand groupe comme un groupe de 30 ou 40 étudiants, voire plus.

La première question consiste à savoir si on peut restreindre les objectifs du groupe ou non. Il est évident qu'il est plus facile de ne travailler que l'écrit dans un grand groupe. Nous n'évoquerons pas cette hypothèse, mais ferons des suggestions pour le cas où la compétence attendue est autant une compétence à l'oral qu'à l'écrit. Il s'agira d'utiliser une méthodologie adaptée au grand groupe.

Les principes en seront de centrer les acquisitions sur les savoir-faire et non sur la grammaire, d'utiliser l'hétérogénéité, naturelle dans les grands groupes, et de favoriser l'apprentissage en autonomie partielle pour ceux qui le désirent.

1.1. Adapter la méthodologie

Les premières leçons seront faites à la manière des leçons zéro, pour mettre en place un vocabulaire et quelques structures nécessaires à la conduite de classe et habituant l'oreille à la L. E. Il s'agit d'utiliser la méthode directe et le tableau, mais aussi un document enregistré où les étudiants pourront distinguer quelques mots ou expressions, slogans, extraits de chansons qu'ils connaissent plus ou moins. Une mise en condition phonétique et verbale est indispensable.

Centrer les acquisitions sur les savoir-faire

Pour la mise en place d'un minimum de compétence de communication orale, il faut utiliser des situations plus courtes que celles employées pour des groupes restreints (6 répliques) et si possible un enregistrement de qualité. Car l'attention d'un grand groupe et la capacité de tous à comprendre sont réduites. Après une première écoute, quelques questions générales *(Qui ? Où ? Quoi ?)* peuvent être posées pour permettre à ceux qui ont compris de répondre et pour créer un climat de communication. Mais il faudra passer ensuite à l'écoute d'éléments restreints de la situation (suites de deux répliques). Lorsqu'ils auront été écoutés, compris et mémorisés par paires (groupe de deux étudiants), on pourra demander à des volontaires de venir jouer le dialogue devant la classe. Les autres étudiants noteront ce qui leur paraît « incorrect », puis proposeront leurs formulations, lorsque le dialogue aura été joué. Pour fixer les formes linguistiques, le professeur pourra écrire le dialogue au tableau ou au rétroprojecteur. Les élèves le recopieront et seront amenés à le reproduire le lendemain, sans consulter le texte écrit. Pour mémoriser un texte, il faut pouvoir le répéter à des intervalles espacés dans le temps. On mettra ainsi en place progressivement un savoir-faire d'écoute, de mémorisation et de production orale. On variera les textes de départ.

On pourra alterner l'acquisition de ce savoir-faire avec la compréhension d'un texte écrit, en distribuant des feuilles comportant des QCM où sont écrites des phrases correspondant aux situations écoutées.

Par exemple :

Ils sont   ☐ dans la rue.   ☐ au bureau.   ☐ à la maison.

Elle   ☐ demande un renseignement.
            ☐ cherche son chemin.
            ☐ ne connaît pas le nom de la rue.

Comme toujours, les réponses seront préparées par paires et discutées en grand groupe. Ces phrases peuvent également servir de base à un exercice d'évaluation ou de canevas à un jeu de rôles. (Il cherche son chemin, *qu'est-ce qu'il dit ?* Réponses attendues : *Est-ce que vous connaissez la rue... ? – Je cherche la rue... – Où se trouve la rue... ?*)

On pourra également entraîner à comprendre l'écrit et à écrire des phrases simples en donnant de courts textes écrits à valeur civilisationnelle ou culturelle, accompagnés de questions simples dont on peut trouver la réponse dans le texte, ce qui entraîne à le lire et le relire. Ce genre de production est préférable à un exercice grammatical car il entraîne à comprendre le texte et à s'approprier en même temps la langue, et non à apprendre la grammaire séparée de la langue découverte dans le texte. Il peut aussi se préparer par paires, ce qui met en place les stratégies sociocommunicatives, prépondérantes dans un grand groupe.

Un peu plus tard, on demandera aux élèves de poser eux-mêmes des questions sur un texte, après l'avoir lu. Elles seront écrites et corrigées au tableau. Dans une étape encore ultérieure, on pourra leur faire lire un texte ou écouter un court passage en leur donnant des questions écrites qui leur serviront de guide d'écoute ou de lecture, et à partir desquelles ils devront produire un résumé du texte.

On passera ensuite à l'acquisition de productions personnelles en entraînant les étudiants à parler ou à écrire sur le texte qu'ils viennent de lire ou d'écouter. Pour cela, on introduira un vocabulaire qui permet la prise de position ou le commentaire du texte : *Qu'est-ce qui vous surprend ? Qu'est-ce qui est semblable / différent de ce qui se passe dans notre culture ? Qu'est-ce qui vous plaît, vous intéresse, vous scandalise ? Qu'est-ce qui est nouveau ? Qu'avez-vous appris que vous ne connaissiez pas en lisant ce texte ?* Toutes ces activités sont formulées sous forme de questions écrites, simples, accompagnant les textes à lire et à écouter. Leur succession est à organiser ou à adapter en fonction des réactions de la classe.

On arrive ainsi à une progression d'acquisition des savoir-faire de compréhension et de production : de la question-réponse au commentaire en passant par le résumé et la comparaison.

Les besoins grammaticaux accompagnant cette production inspirée par les textes devront être réglés *a posteriori*. Il faut en effet pallier les insuffisances révélées par les productions et en réponse aux demandes des élèves, sous forme de « découverte des règles » ou « conceptualisations » au tableau et avec leur collaboration. Ce travail peut aussi être préparé au préalable par paires. C'est au professeur de juger de l'intérêt ou de la nécessité des diverses tâches. Mais il ne faut pas oublier que la compétence de base à acquérir est d'abord la capacité à produire, et ensuite à produire correctement. La grammaire s'apprend en deuxième lieu, après la découverte et la mémorisation qui sont à la base d'une participation active de la classe.

Différentes modalités de travail

Si l'apprentissage a été bien mené, les textes bien adaptés aux besoins et intérêts des étudiants, après un certain niveau de compréhension et de production, on peut utiliser des techniques qui normalement ne conviennent qu'aux groupes restreints.

Découvrir un texte oral à la manière d'un « puzzle »

Après chaque écoute, les élèves disent les mots ou bribes de phrases qu'ils ont reconnus. Le professeur, qui a la transcription écrite sous les yeux, marque au tableau les mots trouvés à la place approximative où ils sont dans le texte. Et ainsi, petit à petit, le puzzle se remplit. Cette activité motive les groupes restreints. Il faut l'essayer avec un grand groupe.

Travailler en plusieurs groupes de six personnes maximum

Il faut disposer d'une salle où l'on peut déplacer les chaises ou de lieux séparés les uns des autres. Il faut distribuer des rôles dans les groupes : celui de responsable de l'exécution de la tâche, celui de rapporteur (il rendra compte du résultat obtenu) et des rôles individuels liés à la tâche. Les tâches peuvent être de compréhension (écoute sélective d'un document où plusieurs personnes s'expriment) ou de production comportant des éléments divers à produire. Le rôle du responsable est d'aider à la production des participants.

Un grand groupe est par essence hétérogène puisqu'il est constitué de nombreuses individualités. Le grand principe qui peut conduire à gérer ces inégalités en classe de langue est celui qui a été déduit, il y a longtemps déjà, par les spécialistes de l'École de Palo Alto, en Californie, étudiant les communications sociales. Je donne ici un extrait de l'article « Une méthodologie de la communication », par J. Courtillon, *Revue de phonétique appliquée*, n° 61-62-63, université de l'État de Mons, 1982.

Nous renvoyons, pour l'analyse de la relation dans la communica-
tion, à l'ouvrage de Watzlawick / Helmick-Beavin / Jakson, Une
logique de la communication, Le Seuil, Paris, 1972. Nous donnons ici
un très court résumé de l'idée fondamentale qui pourrait être médi-
tée par les enseignants de la communication en langue étrangère.
Pour ces auteurs, la relation entre des personnes qui communiquent
est fondamentalement soit de type complémentaire ou de type
symétrique selon qu'elle se fonde sur la différence ou l'égalité. Une
relation de type complémentaire où un des partenaires (A) occupe
une position « supérieure » vis-à-vis de l'autre (B) (mère / enfant,
médecin / malade, professeur / élève) peut entraîner par une série
d'interactions en chaînes, une maximalisation de la différence : A
devient de plus en plus autoritaire et B de plus en plus soumis, donc
passif. Une relation de type symétrique est fondée sur l'égalité. Les
partenaires ont un comportement en miroir (pour me comprendre,
j'ai besoin d'être compris par l'autre et pour être compris par l'autre
j'ai besoin de le comprendre). Cette relation entraîne une minimali-
sation de la différence, elle peut également entraîner un comporte-
ment de rivalité et de surenchère. Les deux types d'interactions, com-
plémentaire et symétrique, sont nécessaires en alternance, sans elles
il n'y a pas de relations saines.
[...]
Un aspect très positif – que nous ignorions au départ – est la
tolérance avec laquelle les élèves qui apprennent plus vite acceptent
la présence des autres. En fait, ils se mettent en position complé-
mentaire vis-à-vis d'eux, en soufflant, en répétant, en corrigeant, ce
qui naturellement leur procure une gratification compensatoire qui
est tout à fait impossible lorsque ce rôle est dévolu au professeur
uniquement.

Pour que ce type de communication se mette en place, il est nécessaire, bien entendu, de travailler par paires, et que puissent exister dans
chaque groupe les relations symétriques et complémentaires. Mais
naturellement, un étudiant plus avancé qui a l'occasion de se retrouver
souvent en relation complémentaire doit aussi être mis en relation
symétrique, sinon il deviendrait « leader », ce qui n'est pas son rôle.

1.2. Proposer le travail en autonomie partielle

Étant donné la diversité des motivations, des styles cognitifs et des
capacités de travail des étudiants, il me paraît nécessaire d'offrir à ceux
qui le désirent des activités à pratiquer chez eux, telles que la lecture de
textes ou l'écoute de documents accompagnés de questions ou encore la
récolte d'informations sur Internet ou tout type d'activité motivant les
volontaires. Le bénéfice de ces activités pourra être réinvesti dans la classe
sous forme d'exposés et comptes rendus suivis de questions. Elles
alimenteront le savoir de la classe, même si chacun n'y participe pas au
même titre. Elles permettent de gérer la différence dans les rythmes

d'apprentissage en offrant aux plus rapides une possibilité de communication en « relation complémentaire » et en leur donnant éventuellement un rôle de tuteur dans des travaux de groupes parallèles.

On ne peut mener une classe de langue de manière rigide et programmée. Une classe est fondamentalement un lieu de communication qui ne fonctionne que grâce à la participation active des étudiants. Il faut donc, bien sûr, susciter cette participation, mais il faut aussi respecter les possibilités de chacun. La conduite de la classe doit être souple et adaptée aux individus qui la constituent, sans qu'aucun n'ait à souffrir du niveau de participation qu'il a choisi, et qui peut varier à tout moment.

Si nous ne disposons pas d'instruments d'analyse pour pouvoir détecter les possibilités de chacun, on peut néanmoins offrir des choix. On ne peut se contenter de vœux pieux, ni se complaire dans le mythe de l'égalitarisme. Tous les élèves ne relèvent pas, à un moment donné, du même type d'enseignement-apprentissage. Il faut donc essayer de trouver des solutions essentiellement pragmatiques pour satisfaire des besoins provisoirement différents. Cela suppose qu'il faut faire des expériences, en examiner les résultats et décider ensuite des conduites à adopter.

2. Que signifie « apprendre à apprendre » ?

Cette expression est parfois très mal vue des professeurs de disciplines autres que les langues étrangères, qui la prennent pour une cuistrerie d'enseignants animateurs de stages, enseignants qui, d'après eux, se retrouvent formateurs tout simplement parce qu'ils n'ont pas été capables de faire la classe, et qui viennent proposer des « activités ridicules » dont on ne voit pas bien l'utilité.

Il est vrai que la formule a été galvaudée. Elle n'a cours que dans les milieux de formateurs mais on ne la retrouve pas dans les programmes nationaux de formation aux langues étrangères, tels que le CAPES et l'agrégation. Il semble bien qu'elle soit l'apanage des enseignants du FLE.

Et pourtant, si l'on se donne la peine de réfléchir un tant soit peu, cette formule est pleine de sens, tout au moins pour nous, les enseignants de FLE. Apprendre une langue, nous le comprenons, c'est s'approprier un « comment faire pour » comprendre, parler ou écrire, et non pas de nouvelles connaissances (« savoir que »).

Le sens commun nous amène à penser que, pour s'approprier des connaissances, il faut être attentif, écouter, lire, comprendre, noter et mémoriser, toutes opérations qui sont courantes dans la vie quotidienne. Tandis que savoir « comment faire » suppose qu'on a acquis une pratique, qu'on *maîtrise une technique* : on a appris à nager, à conduire une voiture, à parler une langue. On a acquis ces divers savoir-faire en les pratiquant de manière répétée.

Il apparaîtra à un non-spécialiste de l'enseignement des langues – car c'est une question de bon sens – que les « techniques » qu'il faut maîtriser pour pratiquer une langue sont : comment comprendre ce qu'on entend, ce qu'on lit, et comment être capable de parler et d'écrire. Il est difficile de concevoir qu'on puisse séparer l'enseignement de la matière (la langue) de l'enseignement de sa maîtrise. Or, il est intéressant de constater que les programmes nationaux de formation de professeurs ne partent jamais de l'exposé des moyens par lesquels on apprend. Ces programmes (CAPES et agrégation) ne comportent pas au départ d'épreuve ayant trait à l'acquisition d'une langue, et leurs contenus ne sont pas décrits en termes de moyens : comment on progresse dans la lecture et la compréhension de l'oral, comment on mémorise, comment et dans quelles conditions on peut être entraîné à prendre la parole et à pratiquer la langue. Tout se passe comme si la problématique de la formation était l'enseignement et non l'apprentissage. Les directives données au professeur caractérisent le bon enseignement, cela s'apprend à travers les stages, mais l'acte d'apprendre n'est pas théorisé.

Il est bien évident que l'apprentissage est au cœur de l'enseignement. On l'a reconnu officiellement en accolant les deux termes, puisqu'on parle maintenant d'« enseignement-apprentissage », mais on n'en a pas tiré toutes les implications. Il ne paraît donc pas illégitime de s'interroger sur le « comment » de l'apprentissage avant de proposer des techniques qui le permettent et le facilitent. C'est pourquoi l'expression « apprendre à apprendre » devrait faire l'objet des premières réflexions de tout enseignant de langue. C'est en répondant à cette question qu'il sera le mieux à même de construire son cours, sa méthode, et de faire face aux problèmes qui se poseront à lui.

Donner un sens concret à cette formule suppose bien entendu d'avoir une conception claire des compétences qui définissent un savoir langagier. Nous l'avons dit et redit dans cet ouvrage, ces compétences ne peuvent se définir que comme un savoir comprendre et parler, un savoir lire et écrire. Savoir faire une dissertation, un commentaire, un exposé sont des savoirs approfondis qui découlent des premiers savoir-faire de base et sont fonction des objectifs spécifiques des apprenants. Mais enseigner à analyser un texte ne devrait pas dispenser d'enseigner à comprendre la langue et à la parler en situation de communication. C'est pour assurer ces maîtrises de base que l'on doit réfléchir sur « apprendre à apprendre ».

2.1. Apprendre à comprendre

Ce devrait être la première réflexion : existe-t-il des procédés, des manières de faire qui permettent de ne pas abandonner les élèves face à ce défi ? Car il faut bien reconnaître qu'actuellement, il s'agit d'un défi pour eux, étant donné que l'enseignement, tel qu'il est pratiqué, c'est d'abord et avant tout l'enseignement de la production, limitée, et avec une insistance délibérée sur la grammaire, la compréhension venant en quelque sorte en complément de la production. Les pratiques les plus courantes pour « enseigner » à comprendre, si telle est l'intention, sont en général les QCM : « À l'écoute d'un texte, ou de deux textes, cochez dans une liste ce que vous avez compris ou dites à quel texte appartient cette phrase ou idée. » Cette pratique, on en conviendra aisément, permet la confirmation du sentiment de tout auditeur : celui d'avoir compris ou de n'avoir pas compris. Est-ce ainsi qu'il apprendra à comprendre ?

Si le QCM permet de vérifier ce qui a été compris, on peut estimer qu'il a sa place dans une épreuve d'évaluation, mais ce n'est pas parce que j'aurai la confirmation que je n'ai pas compris que je vais apprendre à comprendre. En revanche, si j'écoute de manière répétée un même document, qu'on me donne la possibilité d'émettre des hypothèses de sens, qu'elles sont confirmées ou infirmées ou laissées en suspens à chaque nouvelle écoute, partagées avec d'autres, je progresserai. Finalement, je m'apercevrai que ce qui était incompris l'avait été parce que j'avais mal perçu un sens, mal découpé un groupe sonore, pris un mot pour un autre, etc. On peut estimer qu'au bout d'un certain temps, j'aurai acquis une meilleure perception des sons, des enchaînements des groupes rythmiques, appris à focaliser mon attention, et atteint grâce à des écoutes répétées un niveau de perception qui me permettra d'inférer ce que je n'ai pas compris clairement. La succession de ces opérations et leur réussite constatée permettent de penser qu'il s'agit bien là d'apprendre à comprendre. Autrement dit, l'application de la formule « apprendre à... » consiste à mettre en relation le plus adéquatement possible les moyens et la fin recherchée, et à évaluer l'adéquation des moyens aux résultats obtenus.

2.2. Apprendre à parler

On pourrait faire la même démonstration pour décrire les moyens qui permettent d'apprendre à parler : dire ce qu'on a « envie de dire », et non ce qu'il « faut dire ». Il faut « risquer » des phrases qui s'avèrent incorrectes parce qu'on a envie de s'exprimer, être amené à se corriger et à corriger ses camarades, rechercher toutes les occasions d'échanges libres ou improvisés, bref utiliser ce que certains appellent les « bonnes » stratégies : la tolérance à l'erreur, l'autoévaluation, la prise de risques, les stratégies socio-affectives (partager ses doutes ou son savoir avec ses pairs, ses camarades). Ces pratiques, c'est-à-dire l'utilisation de bonnes stratégies, sont en fait des moyens d'apprendre à parler, puisqu'elles mettent sur la voie d'essais répétés, donc de pratique et d'autoévaluation.

En résumé, l'expression « apprendre à apprendre » dans le domaine de la langue étrangère, comme dans les autres domaines, n'intervient qu'après une réflexion sur la spécificité de l'acquisition du savoir enseigné.

3. Comment faire parler les élèves ?

Les enseignants qui se posent cette question ont probablement un programme d'enseignement découpé de la manière suivante :

– présentation de courts textes ou de minisituations où sont mises en évidence quelques structures de la langue ;

– analyse de ces documents, explicitation des règles et reproduction par la lecture ou après répétition en vue d'assurer la mémorisation. De cette analyse, on retient un certain nombre de mots du lexique et quelques règles de grammaire ;

– exercices destinés à appliquer les règles de grammaire et à utiliser les mots du lexique. Ces exercices sont dits « de fixation » ;

– activités de production : minicanevas de jeux de rôles ou suggestions pour préparer un dialogue, calqués sur les modèles des situations de départ et accompagnés de listes de mots ou d'expressions verbales.

Il faut se mettre à la place de l'étudiant. Jusqu'à ce point, il n'a pas été un seul instant en situation de production libre. Il n'a fait que remplir des trous en suivant des modèles ou en appliquant des règles. Il va donc continuer à le faire. Il va reproduire les modèles appris dans les situations de départ et utiliser le vocabulaire qu'on lui propose dans la marge. Il ne se trouve pas dans une situation de parole, mais de « calque ». Il va donc « calquer », c'est-à-dire recopier et produire le texte demandé.

Il faut d'abord se demander si l'on veut véritablement que l'élève parle. Pour le savoir, il faut répondre à la question suivante : *Si mon élève parle mal, en faisant beaucoup de fautes, est-ce que je vais en souffrir ? Vais-je le supporter ? Est-ce que je ne vais pas penser que je suis un mauvais professeur ?* Si la réponse est oui, alors il faut réfléchir au problème suivant : Peut-on apprendre à parler autrement qu'en parlant ? Peut-on faire des gammes, reproduire une partition, sans faire de fautes ? Peut-on apprendre à nager sans se jeter à l'eau – de préférence là où on a pied ? À conduire sans se mettre au volant ? Évidemment que non. Pourquoi n'en serait-il pas de même lorsqu'on veut parler une langue étrangère ? Le professeur comme le moniteur est là pour aider celui qui s'est jeté à l'eau. S'il a peur qu'il se noie, l'étudiant n'apprendra jamais à nager.

Après cette prise de conscience, tout est possible. Qu'est-ce à dire ? Il y a des conditions nécessaires à la prise de parole de l'élève. Les unes ont trait à l'ambiance et à la finalité de la classe, les autres à la méthode.

3.1. L'ambiance de la classe et sa finalité

On ne parle pas dans un lieu formel, où chacun a sa place, où règne une discipline qui vise à maintenir l'écoute. Une classe où l'on peut parler est une classe où les tables et les chaises ne sont pas fixées au sol, c'est-à-dire où l'on peut se déplacer, où l'on peut réaliser des mouvements : se pencher vers son voisin, le regarder, lui donner une tape amicale sur l'épaule, si on en ressent le besoin. Les tables ne doivent pas être une barrière qui sépare de l'autre, celui avec qui il est naturel et simple d'avoir un échange. C'est la première condition.

La seconde condition réside dans la posture et l'attitude du professeur. Si le professeur est sur une estrade ou derrière un bureau séparé du reste de la classe, il induit nécessairement une attitude d'écoute de la part des élèves. Cela convient parfaitement à un enseignant d'histoire, de sciences naturelles, de mathématiques, c'est-à-dire à un enseignant qui doit *transmettre* un contenu. Enseigner une langue n'est pas transmettre un contenu, c'est *aider à acquérir un savoir comprendre*, un savoir *parler* et / ou *écrire*. L'apprenant doit s'approprier par le corps et par la pensée « un nouveau comportement, de nouvelles mises en forme de l'information ». Comment peut-on acquérir un nouveau comportement ? En se comportant autrement. Il y a un « agir » perpétuel de l'étudiant en classe de langue, qui, pour apprendre, doit être le plus possible en situation d'avoir à comprendre et à traiter l'information dans la L. E. Ce qui nous ramène à la méthode.

3.2. La méthode

Puisqu'il ne s'agit pas d'« acquérir des connaissances » mais d'être en situation de « traiter la langue », le rôle du professeur n'est plus celui de pourvoyeur de connaissances, mais d'attention, d'aide et de recherche des moyens les plus aptes à faciliter l'acquisition de ce nouveau comportement linguistique qui doit être celui des élèves.

Si la taille du groupe-classe le permet, il est souhaitable que l'enseignant se mette dès le début en situation de communiquer avec ses étudiants, qu'il quitte l'estrade ou la table pour s'asseoir avec ses élèves dans un cercle. Si le groupe est trop grand, et s'il enseigne dans un pays où les habitudes de discipline le permettent, il peut répartir les élèves en 2 ou 3 cercles où une certaine mobilité sera possible : se tourner vers le document à regarder ou le tableau, si nécessaire, et se remettre en cercle s'il y a un travail de recherche ou de production à accomplir. Cette disposition est propice aux échanges. Pour qu'ils aient lieu dans la langue cible, il faut utiliser certaines techniques (*cf. chapitre 5*, 1. « Comment travailler en grand groupe ? »). Dans les phases de production, le professeur pourra s'asseoir avec chacun des groupes. C'est en circulant ainsi d'un groupe à l'autre qu'il pourra se rendre compte des attitudes et des problèmes de ses étudiants.

S'il a su adopter cette attitude, il est évident qu'il ne sera pas sensible aux « fautes » au point d'en souffrir, mais qu'il apprendra à noter les difficultés que chacun ressent et qu'il en tirera les conclusions pour conseiller chacun et pour sa conduite de classe en général. Il pourra également utiliser un procédé que j'appellerai de « correction communicative ». Cela consiste, dans un groupe où chacun s'exprime individuellement, à reprendre une phrase fautive d'un étudiant en disant : *Si j'ai bien compris, vous pensez que..., vous dites que...* suivi de la phrase incorrecte reformulée par lui. Ceci ne coupe pas la communication et le professeur remplit son rôle de modèle.

L'attitude communicative du professeur est donc la première condition favorisant les prises de parole des étudiants. Elle n'est pas suffisante. Elle va de pair avec une certaine méthode, décrite dans le *chapitre 3*, qui consiste à mettre le plus souvent possible, mais pas trop tôt, les étudiants en situation de production personnelle.

Si l'on utilise un manuel courant, il faudra choisir uniquement les exercices qui paraîtront les plus appropriés à cette finalité.

Je rappellerai brièvement les situations de classe à utiliser pour faciliter l'expression personnelle : la compréhension de textes ou de documents, l'explication d'un mot par un élève qui le connaît, la reformulation ou la paraphrase pour vérifier que le sens a bien été compris, l'expression du point de vue d'un élève sur un aspect du texte, la comparaison entre le fait mentionné dans le document et ce qui se passe dans la culture à laquelle il appartient, la sollicitation du point de vue des autres.

Les productions des élèves doivent être évaluées par la classe, positivement et négativement (erreurs). Elles doivent être reformulées par la classe : d'abord par l'auteur de la phrase erronée, ensuite par ses camarades. Il faut également solliciter, de préférence par écrit, sous forme de questionnaire comportant une rubrique libre, l'opinion des élèves sur les activités proposées et le déroulement du cours. Ils ne sont pas toujours d'accord entre eux et il est intéressant d'en discuter.

Enfin, naturellement, comme on l'a longuement évoqué dans le *chapitre 3*, les « réemplois » doivent comporter une part importante de liberté dans la production. Mais ils doivent aussi comporter des contraintes, sans lesquelles il n'y a pas d'apprentissage. Des activités de production totalement libres peuvent être proposées de temps en temps, mais elles doivent être destinées à la détente ou à l'évaluation. Ce qu'on entend par contrainte, c'est la demande faite à l'étudiant de se mettre dans une situation donnée, de suivre le déroulement plausible des échanges entre locuteurs, de défendre un point de vue dans un débat, de réécrire des phrases en changeant les modalisations utilisées par les locuteurs (par exemple passer de la certitude au doute), bref les contraintes sont les consignes des exercices. Mais, on l'aura remarqué, les contraintes décrites ci-dessus ne portent pas sur la langue. On n'apprend pas à parler en mettant au passé les temps du présent. Parler, c'est mettre en forme une intention de communication : dans cette situation, que peut-on dire ? Si on a un doute, comment peut-on l'exprimer ? L'apprentissage de la parole passe par là. Quelle intention de communication cet exercice pourrait-il bien permettre d'accomplir ? L'enseignant doit être constamment conscient de cette réalité s'il veut que ses élèves parlent. C'est un réflexe à acquérir. S'il a affaire à un manuel qui comporte beaucoup d'exercices avec des contraintes purement formelles, portant sur la langue, il doit les délaisser au profit d'exercices entraînant les élèves à s'exprimer.

Mais il faut être attentif à ce qui permet l'expression : parfois on prétend faire écrire un récit aux élèves en leur donnant tous les éléments du récit, la vie d'une personne célèbre par exemple. Il ne reste plus qu'à arranger les phrases nominales ou infinitives qui sont dans la liste en y mettant des verbes conjugués à la 3e personne (le « il » du récit). Ces exercices sont, bien entendu, des exercices de grammaire déguisés. Il serait bien préférable de faire écrire aux élèves, par petits groupes, le récit simple d'un événement récent qu'ils ont vécu ou qui les a frappés. On peut les aider si des éléments leur manquent. Mais il faut aussi qu'ils apprennent à « se débrouiller » avec les moyens qu'ils ont.

Il faut se pénétrer de l'idée qu'on n'apprendra pas à parler, ni à écrire, à partir de phrases pré-écrites.

4. Comment utiliser un manuel de langue ?

Il se peut que l'enseignant doive utiliser un manuel de langue qu'il n'a pas choisi, et qui est recommandé par l'institution où il enseigne.

Je traiterai le cas d'un manuel peu communicatif et trop « grammatical ».

4.1. Le manuel est peu communicatif

Dans ce type de manuel, en général, les auteurs revendiquent une approche « claire » et / ou « structurée ». Ce qui signifie que la communication y est réduite au minimum, sans possibilité d'implication cognitive et affective de l'étudiant. Ce qui est clair et structuré, c'est la grammaire dont on expose les règles. Mais la communication, c'est la vie, il faut s'y plonger et essayer de comprendre. Il y faut un minimum d'authenticité.

Que faire devant une situation tronquée, ultracourte et improbable, telle que la suivante :

« – Bonjour, madame Durand, comment allez-vous ?

– Bien, merci, et vous ?

– Très bien, au revoir ! »

Si elle est présentée au début pour servir de modèle, elle est entièrement anti-communicative. Cet échange, ayant lieu dans la rue, rend improbable le « Comment allez-vous » et le « Au revoir ». Si c'est un échange fréquent, quasi quotidien comme cela semble être le cas, un locuteur dira plutôt : « Comment allez-vous aujourd'hui ? » ou « Vous allez bien ? » et terminera par « À bientôt ». Les termes choisis pour donner un exemple de rapport formel entre les locuteurs ne conviennent pas à la situation. Si l'échange a lieu dans une pièce ou un lieu public fermé, il est inconcevable qu'on dise « Au revoir » juste après avoir dit « Comment allez-vous ? » Si on est pressé, on doit trouver une excuse – la compétence de communication, c'est aussi connaître la courtoisie dans les échanges.

Autre exemple :

« – Salut Michel, ça va ?

– Non, pas du tout, et toi ? »

Qui peut imaginer un dialogue se terminant sur une telle réplique ?

Si les élèves avaient un certain niveau, on pourrait leur faire compléter les dialogues, en imaginant une suite. Le dernier dialogue pourrait être le prétexte à un bon exercice. Mais en tant que dialogues devant servir à reconnaître des modèles de communication, ils sont inacceptables.

Il faut donc les garder en réserve et leur préférer des situations plausibles de communication, qu'on peut trouver dans certains dialogues de manuels ou improviser soi-même des minisituations de présentation variées en mettant en jeu des personnages ayant une réelle épaisseur psychologique et non des robots. Ce type de travail peut être très gratifiant pour des enseignants qui se réunissent par deux ou trois, improvisent des situations qu'ils enregistrent sur un petit magnétophone et passent à leurs élèves le lendemain ou les jours suivants. Nous disposons de nos jours de matériel très performant et peu coûteux pour réaliser ce type d'enregistrement.

On peut aussi décider de passer directement à une unité plus avancée, pour en extraire les dialogues qui ont un certain volume communicatif. On en retirera de toute façon plus de satisfaction, et plus d'apprentissage, que si on expose les élèves à des exercices vides de sens.

Il faut également laisser provisoirement de côté l'apprentissage des chiffres, des jours et des mois, présentés trop tôt et qui offrent peu d'intérêt au stade des débutants.

4.2. Le manuel est trop « grammatical »

Les manuels peu communicatifs comportent en général des exercices axés sur un point grammatical et insérés dans des minidialogues peu probables :

« – Pierre arrive à la gare ?
– Non, il arrive à l'aéroport. »

On peut demander aux élèves deux types de transformation d'un dialogue de ce type.

Transformer la question pour qu'elle soit plausible, sans s'occuper de la réponse.

Questions plausibles :
– Pierre arrive à quelle gare ?
– Il arrive à la gare à quelle heure ?
– Il vient en train ou en avion ?

Trouver une autre question qui justifie la réponse :
– Tu vas chercher Pierre à la gare ?
– Tu sais à quelle heure il arrive à la gare ?

(La réponse, dans ce cas, est marquée par l'intonation.)

Parfois on trouve des listes de phrases, hors situation de communication, destinées à illustrer un élément phonétique quelconque. On peut imaginer les questions ou les énoncés précédant de telles phrases.

Questions ou énoncés possibles	Phrases du manuel
– Tu parles bien le polonais.	– J'ai des amis polonais.
– Ils n'ont pas d'enfants ?	– Ils aiment les animaux.
– J'ai rendez-vous avec Pierre (... ?)	– Chez eux ou chez elle ?
– Ils ne sortent jamais de chez eux ?	– C'est un grand immeuble.
– Vous avez vu le dernier Spielberg ?	– Sans eux, je ne vais pas au cinéma.
– Vous ne regardez pas la télévision ?	– Je vais de plus en plus au théâtre.
– Il a vendu son appartement de Paris ?	– Quand il est à Nice, il est heureux.

On peut aussi prendre le contenu de base d'un tableau grammatical et en faire un exercice où les étudiants travailleront au niveau de la mémoire procédurale.

Soit le tableau résumant les formes linguistiques qui permettent de donner des conseils (comment faire pour obtenir un résultat) : l'impératif / il faut + infinitif / vous devriez + infinitif.

On donne les thèmes aux étudiants qui vont travailler par groupes (2 à 3). Comment faire pour :
– trouver du travail ;
– être à la mode ;
– passer des vacances agréables ;
– se distraire le soir ou le dimanche.

Il faut trouver la situation de communication qui rend le texte possible :
– écrire un slogan pour un magazine de mode ;

– réaliser le dépliant d'une agence touristique ;
– élaborer le dépliant d'une agence pour l'emploi ;
– donner des conseils à un ami qui s'ennuie le dimanche.

Ce ne sont que des suggestions. Chaque groupe peut décider de la situation de communication qu'il choisira, donner au personnage qui conseille ou qui est conseillé une épaisseur psychologique. Il peut aussi choisir autre chose que ce qui est proposé. Pour apprendre, il faut être impliqué.

5. Comment enseigner la grammaire ?

5.1. La notion de grammaire

Étant donné l'ambiguïté du terme « grammaire » appliqué à l'apprentissage, il est nécessaire de faire une remarque préalable pour s'intéresser au sens que l'on donne à « grammaire » en L. M.

Étudier la langue française à l'école, c'est d'abord en étudier la grammaire, la grammaire explicite. Ce qui est normal. À partir d'une pratique de la langue que les enfants ont acquise à travers la parole, la lecture et l'écriture, il s'agit de leur faire comprendre le fonctionnement de cette langue et son utilisation correcte, c'est-à-dire comment le sens est organisé en mots, à quelles règles obéissent la construction de la phrase et la morphologie des mots. Cet apprentissage leur permettra de consolider leurs connaissances et d'appliquer les règles qu'ils ont apprises chaque fois que leur savoir intuitif de la langue se révèle inadéquat.

Il s'agit donc d'un méta-apprentissage qui permet de parler de la langue, d'analyser son fonctionnement, de posséder un outil critique nécessaire à son utilisation correcte. La connaissance que l'enfant a déjà de la langue lui permet de comprendre les concepts d'article ou de déterminant, de nom, d'adjectif et d'accord de l'adjectif, de sujet, d'objet ou complément, de verbe, etc. C'est grâce à ces concepts qu'il pourra appliquer les règles. On peut les lui faire découvrir par l'analyse linguistique de textes.

Mais dans le cas de l'apprentissage d'une L. E. que l'élève ne connaît pas encore, apprendre la grammaire à l'aide de concepts suppose qu'il ait déjà appris, en étudiant sa propre L. M., ce qu'est un article, un adjectif, un verbe au passé composé, etc. Or ce n'est en général pas le cas, soit qu'il n'y ait pas eu d'enseignement grammatical de ce type dans son pays, soit que les concepts proposés n'étaient pas les mêmes. D'autre part, il ne s'agit pas pour lui d'apprendre des règles qui lui permettent de corriger les phrases qu'il produit naturellement, mais d'apprendre à produire des phrases qu'il ne produit pas encore. Il doit donc y avoir une simultanéité entre l'apprentissage de la production de phrases et l'intériorisation des règles qui régissent ces phrases. C'est pourquoi il est fondamental de se poser le problème de l'acquisition de la grammaire en L. E. en le différenciant catégoriquement de l'acquisition grammaticale en L. M. Le méta-apprentissage à partir d'une L. M. n'a pas la même fonction que l'apprentissage direct de la grammaire d'une langue inconnue.

5. 2. Comment enseigner la grammaire d'une L. E. ?

Cette question est sans doute la plus répandue, celle à laquelle les réponses données sont multiples, parce qu'elles dépendent des idées qu'on a de l'apprentissage de la grammaire, idées qui sont malheureusement, la plupart du temps, des convictions plutôt que des points de vue raisonnés.

Pour répondre de manière « raisonnée » à cette question, il faut mener une réflexion sur la notion de grammaire et sur ce que signifie « connaître la grammaire ».

L'attitude générale, dans l'enseignement, est d'attacher une importance majeure à la grammaire, considérée par beaucoup, enseignants et apprenants, comme la base de la connaissance d'une langue. Mais tous n'ont pas la même représentation de la grammaire. Il est vrai que le terme est polysémique. *Le Petit Robert* en donne trois définitions : une définition courante, une définition linguistique et une définition de « spécialiste ».

❶ Définition courante : ensemble de règles à suivre pour parler et écrire correctement une langue.

❷ Définition linguistique : études systématiques des éléments constitutifs d'une langue – sens, formes, procédés.

❸ Définition de spécialistes : études des formes et fonctions (morphologie et syntaxe).

Le sens ❷, ou sens linguistique, désigne le fonctionnement de la langue, les règles de combinaisons de ses éléments ; il correspond aussi à l'un des sens anglais du terme *grammar* qui signifie « une manière de parler ou d'écrire en se conformant aux règles grammaticales ». De quelqu'un qui parle mal, on peut dire qu'il a « une mauvaise grammaire ». Les sens ❶ et ❸ sont, me semble-t-il, couramment partagés par ceux qui utilisent le terme en français. Le sens ❶ prend en compte le sujet apprenant (pour parler correctement, il faut connaître les règles). Le sens ❷ décrit l'objet de l'apprentissage (morphologie et syntaxe).

On s'entendra aisément sur l'ensemble des descripteurs des définitions ❶ et ❸. Mais l'ambiguïté porte sur la notion de « règle ». D'où viennent les règles ? Comment les décrit-on ? Et comment s'apprennent-elles ? Pour arriver à définir sans ambiguïté la notion de règle, il faudrait pouvoir répondre aux interrogations suivantes :

❶ Où trouve-t-on les règles ? Comment peut-on se les approprier ?

❷ La connaissance des règles est-elle toujours explicite ? Peut-elle être implicite ?

❸ Comment se manifeste la connaissance des règles ? Comment peut-on savoir qu'une règle est acquise ?

Où trouve-t-on les règles ?

Bien entendu dans les manuels de grammaire, où elles ont été décrites par des grammairiens. Leur formulation peut varier d'un grammairien à l'autre. Elles sont en général conçues sur le mode universaliste et non en fonction d'un groupe linguistique particulier. Il y a des « écoles grammaticales », l'école structuraliste, sémantique, générativiste, etc. Une description grammaticale est un regard sur la langue.

Les règles peuvent également être découvertes par un linguiste qui aborde une langue dont personne ne connaît encore la grammaire. En observant son fonctionnement, il découvre des régularités et en déduit une grammaire qu'il décrit de manière explicite.

L'immigré qui arrive dans un pays d'adoption, et qui apprend « dans la rue » sa nouvelle langue en communiquant, arrive petit à petit à connaître la grammaire de manière implicite puisqu'il est capable de se faire comprendre en utilisant les combinaisons syntaxiques et la morphologie adéquates.

L'étudiant d'une classe de langue apprend la grammaire à travers les explications qu'en donnent l'enseignant, son manuel de langue ou d'exercices. Mais il peut aussi apprendre par découverte, comme le linguiste devant une langue inconnue, si la méthode le lui propose, combinant ainsi les avantages de la découverte (attention, observation, mémorisation) et de la présence du professeur.

La connaissance des règles est-elle toujours explicite ?

On vient de le voir, la connaissance des règles peut être implicite ou explicite. La connaissance implicite de l'immigré lui permet de parler la langue. La connaissance explicite du linguiste ne lui permet pas de parler la langue, s'il ne l'a pas pratiquée. Il peut simplement expliquer son fonctionnement. Même remarque pour l'élève en classe de langue. Il peut connaître les règles, mais il ne peut s'exprimer s'il n'a pas pratiqué suffisamment. La conclusion qu'on peut tirer de ces remarques, c'est que seule une connaissance implicite permet la production. Une connaissance qui ne serait qu'explicite au départ, pour devenir opératoire, doit devenir implicite.

À quoi sert une connaissance explicite de la règle ?

Elle est essentiellement un instrument d'autocorrection. Quand on n'a pas automatisé suffisamment son discours et qu'on hésite sur certains choix linguistiques, on fait appel à la règle. Mais il faut bien se rendre compte que, pour être efficace, la règle doit être intériorisée de la manière la plus simple qui soit. Il ne s'agit pas de faire défiler dans sa tête cinq pages de grammaire sur l'emploi de l'imparfait pour être à même de décider si on va utiliser le passé composé ou l'imparfait. La règle doit être disponible immédiatement ; elle ne sera utile en cours de production que si elle correspond à une notion simple, par exemple « action ou état en continu » (imparfait) opposée à « action en état inséré entre des bornes » (passé composé), ce qui correspond à la différence entre « j'avais peur » et « j'ai eu peur ».

C'est pourquoi on ne devrait pas mettre toutes les descriptions grammaticales sur le même plan, sans tenir compte des besoins de l'utilisateur de la grammaire : un scripteur de L. M. qui recherche tous les emplois attestés des formes, ou un locuteur ou scripteur de L. E. qui a simplement besoin d'être informé pour pouvoir ensuite faire des choix utiles. Le genre de grammaire explicite, simple et accessible à un étudiant de L. E. devrait se fonder sur une description sémantique pour être utile, mais cela supposerait une prise de conscience du fait qu'apprendre la grammaire d'une L. M. et la grammaire d'une L. E. sont deux opérations cognitives fort différentes. Pour l'instant, cette prise de conscience, si elle a eu lieu, n'a pas été traduite en grammaire explicite, accessible immédiatement à un apprenant de L. E.

Cependant, deux grammaires existent : *La Grammaire du sens et de l'expression* de P. Charaudeau, Hachette, 1992, qui est une grammaire de référence, destinée à un public scientifique ou cultivé, et *La Grammaire pour l'enseignement-apprentissage du FLE*, par G.-D. de Salins, Didier-Hatier, 1996 qui, selon l'expression de l'auteur, « constitue une transition entre grammaires savantes et grammaires appliquées ».

On pourra également consulter « La mise en œuvre de la grammaire du sens dans l'approche communicative », par J. Courtillon, publié dans la revue *ELA*, n° 122, avril-juin 2001.

Pour finir de répondre à cette interrogation sur la part de l'explicite et de l'implicite dans l'apprentissage de la grammaire, il faut souligner qu'il existe d'autres moyens que la consultation d'une grammaire ou l'explication par un professeur pour connaître la règle. L'opération qui semble la plus efficace, c'est la découverte de la règle dans le contexte et grâce au contexte. Ce qui sera retenu ne sera pas nécessairement la formulation de la règle mais la perception inséparable du contexte et de la règle ; l'information sera stockée dans la mémoire, la règle pourra être explicitée puisqu'elle a été comprise, mais l'explicitation ne sera pas nécessaire pour tous. Il y a sans doute là un aspect cognitif, variable selon les individus, que nous connaissons mal, mais que certains chercheurs, tels que A. de La Garanderie, dans ses *Profils pédagogiques* (Le Centurion, 1980), avait déjà perçu. Il avait en effet observé que certains apprenants ont plus besoin que d'autres d'explication des règles. Certains, plus intuitifs, n'ont pas un besoin primordial de passer par un métalangage pour avoir une connaissance de la règle. Ils se construisent petit à petit un « sentiment linguistique », c'est-à-dire une sorte de connaissance implicite de ce qui est correct et de ce qui ne l'est pas. D'autres ont besoin d'explicitation. Il est évident, par ailleurs, que dans le cas de l'apprentissage des langues voisines, où les étudiants sont amenés à reconnaître dans la L. E. des structurations semblables à celles qui existent dans leur L. M., on a rarement besoin de passer par l'explicitation, sauf peut-être pour une première fixation de la règle dans la mémoire.

En résumé, tout se passe comme s'il existait une zone floue où l'explicite se transforme peu à peu en implicite, condition de l'acquisition stable de la règle. Mais ce passage ne nécessite pas le même temps pour tous.

Comment se manifeste la connaissance des règles ?

Il ne faut pas confondre la connaissance de la règle (être capable de l'énoncer) et son acquisition. Avoir acquis une règle suppose la capacité de produire automatiquement les formes correctes relatives à cette règle en situation de communication spontanée. Ce n'est pas la même chose que de pouvoir remplir correctement les blancs d'un exercice de grammaire. Dans cette situation, l'étudiant a un temps de réflexion pour appliquer la règle. Ce n'est pas un gage de production automatique correcte. Celle-ci n'a pas lieu immédiatement, elle dépend du nombre d'occasions que l'apprenant a de produire des phrases où il aura à appliquer la règle implicitement. Par exemple, s'il est entraîné à faire des récits, il devra utiliser des imparfaits et des passés composés, des marqueurs temporels, etc. L'utilisation des formes correctes, occasionnelle au début, deviendra de plus en plus fréquente. En effet, le passage de la connaissance à l'acquisition se manifeste au début par un certain degré d'« instabilité de la règle ». L'étudiant pourra utiliser les formes correctes une fois sur deux, puis trois fois sur quatre, etc., jusqu'à ce qu'il arrive à un certain niveau de production où il ne fait presque plus de fautes, sauf en cas de fatigue. Ces phénomènes ont été étudiés, ils sont naturels.

Ce qu'il faut en retenir, c'est une définition opératoire de l'acquisition de la règle : la capacité à produire spontanément des formes correctes dans une situation de communication orale ou écrite. Cette définition correspond d'ailleurs à l'existence des deux types de mémoire que les chercheurs ont répertoriés : la mémoire procédurale qui permet de savoir se comporter de manière adéquate (ici utiliser les formes correctes, ce qui prouve qu'on a intériorisé la grammaire) et la mémoire déclarative qui consiste à « dire que l'on sait » (ici il s'agit d'énoncer la règle).

Il faut aussi tirer les conclusions de ces observations et prendre l'habitude, pour évaluer ses élèves, de sonder périodiquement leur degré d'acquisition des règles en analysant leurs productions spontanées, selon des critères semblables à ceux qui ont été proposés dans cet ouvrage, au *chapitre 2*. On peut naturellement varier les situations de production et les types de discours à produire, l'essentiel étant de n'évaluer qu'une production personnelle et non la réponse à un exercice de grammaire.

L'explication de la règle du point de vue de l'apprenant

Pour terminer, j'aborderai un problème déjà évoqué précédemment et qui est sans doute la pierre d'achoppement de l'apprentissage grammatical : l'explication en grammaire. Dans quel cas est-il nécessaire d'observer simplement un fonctionnement ou de comprendre une règle ? C'est-à-dire, pour le professeur, de l'expliquer ? Le cas échéant, quel type d'explication donner ? Y a-t-il des règles dont la prise de conscience est plus difficile que d'autres ? L'énoncé de la règle a-t-il le même effet s'il est fait par l'auteur d'une grammaire ? par le professeur ? par l'étudiant qui la découvre lui-même ? Peut-il découvrir toutes les règles ?

En simplifiant le problème à l'extrême, je partirai des exemples suivants pour proposer une typologie minimale de règles, afin d'éclaircir quelque peu la notion d'explication. Il s'agit d'analyser de quel type de règle relèvent les différentes erreurs qu'elles contiennent, et comment y faire face.

❶ Où avez-vous trouvé cette livre ?
❷ Il n'a pas plus parlé pour « il n'a plus parlé ».
❸ Je voudrais que tu viens avec moi.
❹ J'aime de l'eau et je ne bois pas du vin.

Observer ces phrases et en tirer la conclusion que l'étudiant ne connaît pas le genre des noms, le subjonctif et les articles partitifs ne permettra pas de résoudre le problème. Il faut plutôt tenter de se mettre dans la situation de production de l'étudiant pour comprendre d'où il est parti et ce qui lui manque pour s'exprimer correctement, quels sont les savoirs grammaticaux en jeu.

On sera tous d'accord pour dire que certaines erreurs sont purement morphologiques : c'est le cas du genre (livre est masculin) et de la désinence verbale au subjonctif. La connaissance de ces règles est liée à une pratique réflexe des formes de la langue : si on n'utilise pas souvent la première personne du pluriel (nous), on tend à méconnaître la désinence verbale dont elle est suivie (« avons », « sommes », « pensons »). Il en est de même des formes de la troisième personne du pluriel, ainsi que du subjonctif. Ce type de connaissance met en jeu les capacités d'observation et de mémorisation, mais sa non-acquisition par un étudiant donné peut aussi résulter du fait qu'il en sous-estime l'importance, puisque cela ne l'empêche pas de se faire comprendre. Les spécialistes de la psychologie cognitive distinguent les perfectionnistes, qu'ils appellent « sérialistes », des « globalistes ». Les premiers ont tendance à attacher beaucoup d'importance aux détails, tandis que les « globalistes », eux, se contentent d'une performance globalement satisfaisante. Ils continueront plus longtemps à faire des fautes, mais ils seront capables de s'exprimer plus tôt que les autres. Nous n'avons pas tous les mêmes modes de fonctionnement. Le professeur devrait signaler ces modes aux apprenants, de manière à ce qu'ils en prennent conscience et décident du degré d'attention à porter aux formes. Il est évident que les fautes morphologiques ne peuvent pas être traitées autrement par l'enseignant, sans risquer de faire perdre leur temps à une grande partie des élèves. Elles relèvent de l'attention et de la mémorisation individuelles.

D'autres règles sont syntaxiques – et parfois partiellement sémantiques. C'est le cas de « ne ... plus » dans la phrase ❷, qui équivaut à une négation, plus une particule temporelle. Il s'agit dans ce cas d'acquérir un nouvel automatisme syntaxique (« ne ... plus », au lieu de « ne ... pas »). Comme tous les automatismes, il est préférable de les faire acquérir par des procédés répétitifs, plutôt que par des exercices de réflexion. « Je n'ai plus d'amis, je n'ai plus d'argent, il n'y a plus d'espoir, je ne veux plus vivre. Que me conseillez-vous ? » On peut proposer aux étudiants de produire par groupes des textes de ce genre.

L'erreur de la phrase ❸ doit être interprétée : ou bien l'élève ne connaît pas l'emploi du subjonctif après « vouloir » et il utilise l'indicatif ou bien il connaît la règle, qui est une règle sémantique, mais il ne connaît pas la forme du subjonctif, il n'a fait qu'une erreur morphologique. La règle sémantique, comme son nom l'indique, doit être expliquée par le sens plutôt que par l'emploi. Le subjonctif peut être associé à l'expression du désir, du vouloir, du doute, donc du virtuel, du « non encore atteint » ou attesté, par opposition à l'indicatif qui est le mode du réalisé. Mais si on l'enseigne à l'intérieur des langues romanes, il se mettra en place plus facilement, puisqu'il est « grammaticalisé », c'est-à-dire qu'il existe dans la grammaire de ces langues.

L'explication par le sens

Parler de règles sémantiques, plutôt que de règles d'emploi, a un avantage considérable pour l'acquisition de la règle par l'étudiant. Mémoriser des listes d'emploi, opératoires au moment de la parole, est inaccessible à l'esprit humain. Seul le logiciel d'ordinateur est capable d'une performance de ce genre. Associer un sens à une forme est facile, simple et économique. Ce qui n'est pas économique n'est pas efficace.

Pour répondre à cette condition d'économie, donc d'efficacité, on peut utiliser ce que certains appellent la « grammaire du sens » ou « grammaire notionnelle », qui consiste à se centrer non pas sur l'emploi de la forme (l'imparfait s'emploie dans telle et telle situation) mais sur son sens. Par exemple, si on compare les deux temps, le passé composé et l'imparfait, on se rend compte que leur sens peut se résumer ainsi :

pour l'imparfait « action ou état vu en continuité / saisi dans son déroulement / étalé dans le temps » (on peut choisir la formule qui parle le plus ou en trouver d'autres), alors que le passé composé exprime une vision de l'état ou de l'action inscrit entre deux bornes, c'est-à-dire ayant eu implicitement un commencement et une fin (« Je marchais, j'avais chaud », et « j'ai marché (longtemps), j'ai eu chaud »). Cette explication sémantique peut aussi rendre compte de l'imparfait de répétition : « J'allais à l'école à bicyclette, à cette époque-là », opposé à « Je suis allé à l'école à bicyclette pendant longtemps ». Mêmes actions appartenant au passé, répétitives, parce que le fait d'aller à l'école est forcément répétitif, mais c'est la vision qui change : le passé composé est compatible avec la limitation de ces actions répétitives à l'intérieur de l'époque passée, l'imparfait ne l'est pas. Il ne fait que saisir ces actions répétitives dans leur déroulement passé.

Cette vision de l'action ou de l'état peut d'ailleurs se représenter par un schéma très simple :

.................>   [..........................]
vision d'imparfait   vision de passé composé

Nous prendrons un dernier exemple qui gêne beaucoup les anglophones dans leur apprentissage du français. C'est celui de l'emploi des partitifs ou des articles définis ayant une valeur générique comme dans la phrase ❹ ou dans « j'adore le poisson » et « je mange du poisson trois fois par semaine ». En anglais, on dirait : « I love fish » et « I eat fish three times a week ». Cela signifie que l'anglais ne marque pas les notions de « générique » (le poisson en général), ni « une certaine quantité nonnombrable de » (du poisson). Elles sont implicites, mais non marquées grammaticalement. Il faut donc que l'apprenant comprenne la différence entre le « le poisson » et « du poisson ». Ce n'est pas en disant que l'un est défini et l'autre partitif qu'il comprendra quoi que ce soit. Il faut qu'il puisse comprendre le sens caché derrière la forme. On peut le lui expliquer en lui proposant la notion d'« objet considéré en général » et la notion de « quantité, non précisée, non-nombrable » qui peuvent expliquer pourquoi l'emploi du défini est précédé de verbes qui signifient aimer / détester / préférer / admirer / haïr, etc. et que celui du partitif est précédé de verbes qui sont compatibles avec la quantité : manger / boire / acheter / prendre / consommer, etc.

Dans cet exemple, il ne s'agit que d'expliquer le défini français qui correspond au sens générique et non le sens spécifique ou particulier du défini dans « passe-moi le sel », « l'ami que je t'ai présenté », « le film que je préfère... », sens qui, lui, est grammaticalisé en anglais par l'article « the ».

C'est pourquoi il n'est pas pertinent de présenter les éléments grammaticaux à partir d'ensembles formels (définis, partitifs, etc.), ce qui ne peut conduire qu'à une fausse assimilation d'une langue à l'autre. Il faudrait les présenter à partir des sens.

• Apprendre à exprimer la notion de *générique*

– articles définis, singulier et pluriel :

L'amour est aveugle.

Les hommes sont mortels.

La femme est une île.

– article indéfini singulier :

Un enfant est toujours l'œuvre de sa mère.

C'est beau un homme.

• Apprendre à exprimer la notion de particulier / spécifique :

– articles définis, singulier et pluriel :

L'homme qui est entré.

Les personnes qui veulent s'inscrire.

– articles démonstratifs :

Cet homme, celui qui, celui-ci...

Ces quelques exemples étaient destinés à attirer l'attention sur l'importance de partir du sens pour faciliter l'intériorisation de la règle. Nous l'avons constaté, en classe, quand des étudiants habitués à cette approche se mettent spontanément à utiliser des gestes exprimant une notion pour expliquer à un camarade la différence entre l'imparfait et le passé composé : « L'imparfait, tu vois, c'est comme ça » (geste de la main qui trace une ligne droite dans l'espace) « et le passé composé, c'est comme ça » (geste des deux mains qui délimitent une distance dans l'espace, indiquant ainsi la limite ou la borne entre le commencement et la fin de l'action, ou de l'état). Expliquer une règle, c'est d'abord faire en sorte que le métalangage ne soit pas un écran pour la compréhension. Les mots qui n'appartiennent pas au langage courant ne signifient rien pour un apprenant. Ils n'ont de sens que pour un spécialiste, professeur ou linguiste, ou encore pour l'élève d'une classe de grammaire en L. M. C'est le cas de « défini », « partitif », « aspect du verbe », « concordance des temps », etc. En langue étrangère, il faut essayer de tout ramener au langage commun, simple et accessible.

C'est ensuite essayer d'être attentif aux formulations spontanées qu'emploient les étudiants ayant compris une règle et à qui on demande de l'expliquer à ceux qui ne l'ont pas comprise. En effet, si on leur donne la parole, ils se situent naturellement au niveau du sens. Par exemple : pourquoi utiliser l'imparfait du verbe « aller » dans la phrase : « Je ne savais pas que ma mère **allait** venir » et non pas « **va** venir » ? L'explication fournie est la suivante : le verbe « aller », c'est le futur, mais la situation, elle, est passée, donc « c'est le futur dans le passé ». Deux notions qui, manifestement pour eux, rendent compte de la règle beaucoup mieux que ne le ferait une règle de « concordance des temps ».

La réponse, longue, à cette question sur la grammaire devra être interprétée par chacun, qui pourra en tirer ses propres conclusions et parfois être amené à comprendre pourquoi certains exercices n'apportent pas les résultats escomptés : exercices répétés portant sur la morphologie par exemple, ou exercices de grammaire établis sur la base d'un métalangage peu accessible à l'étudiant et qui ont pour effet de le détourner du sens.

Chacun puisera ce qui l'intéresse dans les réponses aux questions ci-dessus. Elles manifestent le souci de partir des interrogations de l'interlocuteur (en l'occurrence le professeur de langue) afin de mieux « communiquer » avec lui. Ce souci doit naturellement conduire l'enseignant, comme l'auteur de manuel, à fonder sa méthode et son discours sur la demande, c'est-à-dire à tenter de répondre à des besoins divers, en essayant de ne pas avoir trop d'*a priori* méthodologiques qui risqueraient de l'empêcher d'être attentif à ces besoins.

CONCLUSION

Nous avons décrit, dans cet ouvrage, les grandes lignes du parcours d'apprentissage de l'apprenant d'une L. E. : la nécessité de comprendre, mémoriser, traiter, ou élaborer l'information pour avoir à sa disposition immédiate des bribes de discours permettant d'exprimer ses intentions de communication en situation de production. Parcours obligé, mais encore incomplet, car l'apprenant doit en outre pouvoir évaluer sa production, c'est-à-dire avoir la conscience plus ou moins explicite de la correction formelle de ce qu'il a dit ou écrit, et de ce qu'il entend ou lit en classe.

Ce « parcours obligé » peut être accompli de diverses manières et avec plus ou moins de succès dans un temps donné. Nous l'avons décrit de manière quelque peu prescriptive en recommandant les procédures qui, à nos yeux, facilitent l'apprentissage en rendant l'apprenant autonome. Cet objectif d'autonomie se situe dans la perspective cognitive de l'apprentissage.

Nous avons tenté d'analyser les principales variables à prendre en compte pour permettre au professeur d'adapter ses choix à la situation d'enseignement : quel degré d'autonomie permet telle situation ? Désire-t-on l'autonomie ? ou ne paraît-elle pas souhaitable ? et pour quelles raisons ? Il n'est sans doute pas inutile d'insister sur cette notion en disant que, parfois, un certain degré d'autonomie peut être introduit dans un contexte où on ne l'aurait pas cru possible. En effet, on peut tenter de le faire en initiant progressivement certaines techniques, et en en faisant comprendre les enjeux aux étudiants. Cela fait partie de la liberté et de la créativité des enseignants. Et ce qui le rend possible, bien que cela paraisse surprenant, c'est la participation accrue des étudiants instaurée par les techniques autonomisantes. Un étudiant actif qui participe et a un certain degré d'initiative est un étudiant heureux. C'est pourquoi ce qui paraissait difficile à mettre en œuvre est en réalité plus facile qu'on ne le croit, justement en raison de cette participation des étudiants qui passent graduellement de la soumission à la collaboration.

Une autre variable importante qui a été prise en compte est la distance, c'est-à-dire le « trajet cognitif » à parcourir entre la L. M. et la L. C. Cette variable n'est pas prise en compte lorsqu'on utilise une méthode universelle. Et elle a des incidences importantes sur l'apprentissage et sur la motivation de l'étudiant qui ne peut constater assez tôt ses progrès, faute d'une progression adaptée, facilitant la perception de la L. C. (langue lointaine) ou en raison d'une progression trop lente (langue voisine).

Le cadre général d'enseignement que nous avons proposé est donc un cadre dont les lignes de force conduisent à l'autonomie, mais permettent des adaptations aux besoins. Sans ce cadre général, on ne peut donner de cohérence à son enseignement.

Le besoin de cohérence ne doit pas être négligé. En effet, l'abondance actuelle des propositions méthodologiques venant d'horizons divers peut conduire à l'éclectisme mal compris, c'est-à-dire au « zapping pédagogique[1] ». On y échappe lorsqu'on sait pourquoi on choisit telle procédure, à telle étape du cours, c'est-à-dire en utilisant les apports extérieurs non pour eux-mêmes, l'un après l'autre, mais parce qu'ils permettent d'ajouter des pierres à l'édifice.

Je suis convaincue que la liberté du choix des contenus et des activités d'apprentissage est parfaitement possible et apporte des résultats si elle est fondée sur une charpente méthodique. Elle ne peut que consolider la motivation de l'enseignant. Elle s'oppose à une conception dévalorisée de l'enseignement qui réduit la tâche du professeur à celle d'un témoin passif de la bonne volonté des élèves, de leur plaisir ou déplaisir face à telle ou telle activité. Le véritable rôle de l'enseignant est celui d'un maître d'œuvre, organisateur ou « ingénieur d'apprentissage », attentif à la **construction** progressive de la compétence de ses élèves.

Mais plutôt que de se laisser guider avant tout par un « programme », c'est en reconsidérant son enseignement à partir de l'apprenant, avec le désir de comprendre l'effort que celui-ci doit faire pour « entrer dans la langue », que l'enseignant sera le mieux à même de régler sa conduite pédagogique. Il saura enchaîner les activités de classe en toute connaissance de cause, c'est-à-dire qu'il pourra mettre en relation les techniques utilisées et la réalisation des objectifs rendue visible (perceptible) à travers les comportement des apprenants.

CONCLUSION

---

1. *Méthodes et méthodologie*, Hachette, janvier 1995 (« L'unité didactique » par J. Courtillon).

DOCUMENTS ANNEXES

Lecture de textes descriptifs

La Jalousie, Robbe-Grillet, Éditions de Minuit, 1997

Maintenant l'ombre du pilier – le pilier qui soutient l'angle sud-ouest du toit – divise en deux parties égales l'angle correspondant de la terrasse. Cette terrasse est une large galerie couverte, entourant la maison sur trois de ses côtés. Comme sa largeur est la même dans la portion médiane et dans les branches latérales, le trait d'ombre projeté sur le pilier arrive exactement au coin de la maison ; mais il s'arrête là, car seules les dalles de la terrasse sont atteintes par le soleil, qui se trouve encore trop haut dans le ciel. Les murs, en bois, de la maison – c'est-à-dire la façade et le pignon ouest – sont encore protégés de ses rayons par le toit (toit commun à la maison proprement dite et à la terrasse). Ainsi, à cet instant, l'ombre de l'extrême bord du toit coïncide exactement avec la ligne, en angle droit, que forment entre elles la terrasse et les deux faces verticales du coin de la maison.

Maintenant, A. est entrée dans la chambre, par la porte intérieure qui donne sur le couloir central. Elle ne regarde pas vers la fenêtre, grande ouverte, par où – depuis la porte – elle apercevrait ce coin de terrasse. Elle s'est maintenant retournée vers la porte pour la refermer. Elle est toujours habillée de la robe claire, à col droit, très collante, qu'elle portait au déjeuner. Christiane, une fois de plus, lui a rappelé que les vêtements moins ajustés permettent de mieux supporter la chaleur. Mais A. s'est contentée de sourire : elle ne souffrait pas de la chaleur, elle avait connu des climats beaucoup plus chauds – en Afrique par exemple – et s'y était toujours très bien portée. Elle ne craint pas le froid non plus, d'ailleurs. Elle conserve partout la même aisance. Les boucles noires de ses cheveux se déplacent d'un mouvement souple, sur les épaules et sur le dos, lorsqu'elle tourne la tête.

L'épaisse barre d'appui de la balustrade n'a presque plus de peinture sur le dessus. Le gris du bois y apparaît, strié de petites fentes longitudinales. De l'autre côté de cette barre, deux bons mètres au-dessous du niveau de la terrasse, commence le jardin.

Mais le regard qui, venant du fond de la chambre, passe par-dessus la balustrade, ne touche terre que beaucoup plus loin, sur le flanc opposé de la petite vallée, parmi les bananiers de la plantation. On n'aperçoit pas le sol entre leurs panaches touffus de larges feuilles vertes.

Grille de lecture

La grille est destinée à aider à lire, c'est-à-dire, ici, à voir les objets (objets concrets et personnages) décrits et à repérer leur expression linguistique (noms, types d'adjectifs, construction et enchaînements des « plans » de vision).

Elle aide à comprendre un certain mode descriptif qui est ici celui de Robbe-Grillet.

• 1er paragraphe :
  – repérer les objets et leur expression linguistique ;
  – repérer les lignes formées par les objets entre eux dans l'espace ;
  – repérer les objets au soleil et à l'ombre.

• 2e paragraphe :
  – repérer l'attitude du personnage (sa position dans le décor) ;
  – repérer la description de son vêtement ;
  – repérer l'insertion expliquant le vêtement. Quelle forme prend-elle ?

• 3e paragraphe :
  – repérer le nouvel objet décrit.

• 4e paragraphe :
  – retour sur le personnage.

Après la mise en commun des observations, on procède à une discussion où chacun s'exprime sur ce qu'évoque pour lui la description.

On pourra ensuite lire d'autres extraits de descriptions de Robbe-Grillet et/ou procéder à l'écriture de textes pastiches de Robbe-Grillet par ceux qui le désirent. Ils devront dans ce cas être libres de le faire parce qu'ils ont compris l'intérêt de ce mode descriptif et qu'ils ont envie de donner sur ce mode leur propre vision d'objets de leur choix.

Fabrice à Waterloo
Extrait de *La Chartreuse de Parme*, Stendhal, 1839

Tout à coup on partit au grand galop. Quelques instants après, Fabrice vit, à vingt pas en avant, une terre labourée qui était remuée d'une façon singulière. Le fond des sillons était plein d'eau, et la terre fort humide, qui formait la crête de ces sillons, volait en petits fragments noirs lancés à trois ou quatre pieds de haut. Fabrice remarqua en passant cet effet singulier ; puis sa pensée se remit à songer à la gloire du maréchal. Il entendit un cri sec auprès de lui : c'étaient deux hussards qui tombaient, atteints par des boulets ; et, lorsqu'il les regarda, ils étaient déjà à vingt pas de l'escorte. Ce qui lui sembla horrible, ce fut un cheval tout sanglant qui se débattait sur la terre labourée, en engageant ses pieds dans ses propres entrailles ; il voulait suivre les autres : le sang coulait dans la boue.

Ah ! m'y voilà donc enfin au feu ! se dit-il. J'ai vu le feu ! se répétait-il avec satisfaction. Me voici un vrai militaire. À ce moment, l'escorte allait ventre à terre, et notre héros comprit que c'étaient des boulets qui faisaient voler la terre de toutes parts. Il avait beau regarder du côté d'où venaient les boulets, il voyait la fumée blanche de la batterie à une distance énorme, et, au milieu du ronflement égal et continu produit par les coups de canon, il lui semblait entendre des décharges beaucoup plus voisines ; il n'y comprenait rien du tout.

Grille de lecture

Dans ce récit célèbre de Stendhal, le sujet omniprésent vit la bataille qui est racontée à travers ses réactions et ses sentiments.

Repérages
• Les marques de la bataille : marques visuelles et auditives.
• Les mouvements de pensée et les sentiments de Fabrice :
  – décrits par le narrateur ;
  – donnés comme l'expression directe de sa pensée.
• La progression narrative (enchaînement des marques de la bataille et des réactions de Fabrice) :
  – perception de détails anodins ;
  – puis de détails horribles ;
  – sentiment d'horreur ;
  – fierté d'être dans la bataille ;
  – montée de l'incertitude quant à l'issue de la bataille.

Pour aider l'étudiant dans sa découverte de l'organisation du texte, on ne devrait lui donner que la grille suivante :
  • repérer les marques visuelles et auditives de la bataille ;
  • repérer l'expression des sentiments de Fabrice ;
  • observer la progression narrative.
La grille détaillée donnée ci-dessus pourrait être un exemple de synthèse possible, parmi d'autres.

Extrait de *Mythologies*, Roland Barthes, Le Seuil, 1957

Le vin et le lait

Le vin est senti par la nation française comme un bien qui lui est propre, au même titre que ses trois cent soixante espèces de fromage et sa culture. C'est une boisson totem, correspondant au lait de la vache hollandaise, ou au thé absorbé cérémonieusement par la famille royale anglaise. [...] Le vin est suc de soleil et de terre, son état de base est non pas l'humide mais le sec [...] la substance mythique qui lui est le plus contraire, c'est l'eau. [...]

En France l'ivresse est conséquence, jamais finalité, la boisson est sentie comme l'étalement d'un plaisir, non comme la cause nécessaire d'un effet recherché (d'autres pays boivent pour se saouler). [...]

Croire au vin est un acte collectif contraignant. Le Français qui prendrait quelque distance à l'égard du mythe s'exposerait à des problèmes menus mais précis d'intégration. [...] *Savoir* boire est une technique nationale.

Le vin est socialisé parce qu'il fonde non seulement une morale mais un décor : il orne les cérémoniaux les plus menus de la vie quotidienne française, du casse-croûte (le gros rouge, le camembert) au festin, de la conversation de bistrot au discours de banquet.

Bachelard avait sans doute raison de donner l'eau comme le contraire du vin : mythiquement c'est vrai ; sociologiquement, du moins aujourd'hui, ce l'est moins. Des circonstances économiques et historiques ont dévolu ce rôle au lait. C'est maintenant le véritable anti-vin et non seulement en raison des initiatives de M. Mendès France (d'allure volontairement mythologique : lait bu à la tribune[1] comme le spinach de Mathurin) mais aussi parce que [...] le lait est contraire au feu par sa densité moléculaire, par sa nature crémeuse ; le vin est mutilant, chirurgical, le lait est cosmétique. De plus sa pureté associée à l'innocence enfantine est un gage de force.

Extrait de *La Méditerranée*, Braudel, Flammarion, 1986

Qu'est-ce que la Méditerranée ? Mille choses à la fois. Non pas un paysage, mais d'innombrables paysages. Non pas une mer, mais une

DOCUMENTS ANNEXES

1. À la tribune de l'Assemblée nationale en 1956.

succession de mers. Non pas une civilisation, mais des civilisations entassées les unes sur les autres. Voyager en Méditerranée, c'est trouver le monde romain au Liban, la préhistoire en Sardaigne, les villes grecques en Sicile, la présence arabe en Espagne, l'islam turc en Yougoslavie. C'est plonger au plus profond des siècles, jusqu'aux constructions mégalithiques de Malte ou jusqu'aux pyramides d'Égypte. C'est rencontrer de très vieilles choses, encore vivantes, qui côtoient l'ultramoderne : à côté de Venise, faussement immobile, la lourde agglomération industrielle de Mestre ; à côté de la barque du pêcheur, qui est encore celle d'Ulysse, le chalutier dévastateur des fonds marins ou les énormes pétroliers. [...]

Tout cela parce que la Méditerranée est un très vieux carrefour. Depuis des millénaires tout a conflué vers elle, brouillant, enrichissant son histoire : hommes, bêtes de charge, voitures, marchandises, navires, idées, religions, arts de vivre. Et même les plantes. Vous les croyez méditerranéennes. Or, à l'exception de l'olivier, de la vigne et du blé – des autochtones très tôt en place – elles sont presque toutes nées loin de la mer.

Dans son paysage physique comme dans son paysage humain, la Méditerranée carrefour, la Méditerranée hétéroclite se présente dans nos souvenirs comme une image cohérente, comme un système où tout se mélange et se recompose en une unité originale. Cette unité évidente, cet être profond de la Méditerranée, comment l'expliquer ? Il faudra s'y efforcer à plusieurs reprises. L'explication, ce n'est pas seulement la nature qui, à cet effet, a beaucoup œuvré ; ce n'est pas seulement l'homme, qui a tout lié ensemble obstinément ; ce sont à la fois les grâces de la nature ou ses malédictions – les unes et les autres nombreuses – et les efforts multiples des hommes, hier comme aujourd'hui. Soit une somme interminable de hasards, d'accidents, de réussites répétées. [...]

Dans ce livre, les bateaux naviguent ; les vagues répètent leur chanson ; les vignerons descendent des collines des Cinque Terre, sur la Riviera génoise ; les olives sont gaulées en Provence et en Grèce ; les pêcheurs tirent leurs filets sur la lagune immobile de Venise ou dans les canaux de Djerba ; des charpentiers construisent des barques pareilles aujourd'hui à celles d'hier... Et cette fois encore, à les regarder, nous sommes hors du temps. [...]

Plus qu'aucun autre univers des hommes, la Méditerranée ne cesse de se raconter elle-même, de se revivre elle-même. Par plaisir sans doute, non moins par nécessité. Avoir été, c'est une condition pour être.

Extrait de *La Régression française*, Laurent Joffrin, Le Seuil, 1992

La France, une nation postmoderne guettée par le retour de l'archaïsme ?

La France est en train de rater sa modernisation. [...] L'histoire de cette décennie est bien celle d'une adaptation de la France à la norme occidentale. Mais c'est une adaptation manquée. Nous avons heureusement délaissé l'ancien modèle étatique et idéologique qui avait jusque-là prévalu [...] mais nous n'avons pas su inventer un nouveau projet. Le vieux modèle français est mort. Le nouveau tarde à naître. [...] La France s'abandonne à la nostalgie sous nos yeux.

À côté de cette nation postmoderne qu'on décrit partout, celle des micro-ordinateurs, du jogging, du zapping, du body-building, de l'Airbus, du TGV, du saut à l'élastique, du rap, des chébrans, du parler vrai, de Patrick Bruel et de Vanessa Paradis, il y a une autre France qui a perdu ses repères et se raccroche comme elle peut à des valeurs, à des mentalités, à des comportements du passé. Il n'est pas dit que la première l'emporte sur la seconde. Et surtout, nombre de ces phénomènes nouveaux dont nous pensons qu'ils expriment la tendance dominante, celle de la modernisation, nous ramènent en arrière. Dans notre enthousiasme, nous avons commis un grave contresens. Nous avons qualifié de moderne tout ce qui était nouveau. L'expérience montre pourtant que les nouveautés ne portent pas avec elles leur brevet de progressisme. On pense célébrer la dernière mode et on se fait refiler des vieilleries mal repeintes aux couleurs du jour. Aussi spectaculaires soient-ils, le développement des sciences et des techniques et la croissance de l'économie ne sont pas une assurance de progrès social et culturel. Depuis le Siècle des lumières, on croit qu'au présent succède toujours l'avenir. Il va bien falloir reconnaître que, dans la France d'aujourd'hui, c'est le passé qui pourrait bien succéder au présent. En un mot, ce n'est pas cette république « post-moderne » individualiste et créative qui triomphe sous nos yeux.

Grille de lecture de deux argumentations sur un même sujet

Le point de vue d'un membre de la CFTC : Alain Deleu

La règle en France, c'est qu'il y a un repos hebdomadaire le dimanche, depuis, je crois, 1906. Par contre, dans la société française, l'obligation du repos le dimanche remonte au ıvᵉ siècle, avec la christianisation du pays. Et puis, il y a toutes les dérogations à la règle. Elles peuvent être dues au service du public, et vous en avez toute une liste : les transports, l'alimentation, la santé... ou bien aux situations industrielles dans lesquelles il y aurait risque de compromettre l'outil de travail ou la production s'il y avait un arrêt le dimanche. L'exemple classique, ce sont les hauts-fourneaux. Deux grands types de dérogations, donc : le service public et les impératifs techniques. Et le débat sur l'élargissement du travail le dimanche tourne autour de ces deux questions. C'est-à-dire : jusqu'où va le service du public ? et jusqu'où va l'impératif technique ?

Historiquement, c'est pour des raisons religieuses que le congé hebdomadaire a lieu le dimanche. Le fait est que la question religieuse continue d'exister. C'est vrai qu'aujourd'hui les chrétiens qui pratiquent le repos le dimanche sont une minorité et donc, nous, syndicalistes d'inspiration chrétienne, nous sommes ici tentés de défendre les droits d'une minorité. C'est très à la mode en France de défendre les minorités, eh bien, elles ont des droits... C'est tout le problème des convictions religieuses et cela est vrai pour toutes les confessions.

L'idéologie matérialiste qui traite ces questions pour quantité négligeable nous paraît tout à fait choquante. Les ouvriers ne sont pas des machines qu'il faut faire reposer tous les sept jours comme on laisse refroidir les moteurs ; ce sont des personnes qui ont une vie spirituelle, une vie personnelle, et nous pensons que cette dimension est première. Elle est plus importante que les conditions matérielles de la production industrielle. La production industrielle est pour les hommes, et non l'inverse.

Au-delà de cet aspect qui est important, il y en a un autre, beaucoup plus global, en pratique, c'est celui de la possibilité de vivre ensemble socialement autre chose que le travail. Il est certain que dans l'idéologie marxiste qui a totalement imprégné notre pays, le travail est l'aune à laquelle on mesure tout. Alors que pour nous, cette possibilité de vivre autre chose est profondément inscrite dans la nature de l'homme et a, elle aussi, plus d'importance que la productivité industrielle. Il est donc nécessaire qu'il y ait un jour de repos commun pour tous, autant que cela est possible. C'est pourquoi la position confédérale constante, c'est de dire que, sauf cas de force majeure, qui sont les services du public et les impératifs techniques, il faut éviter le travail du dimanche, de façon qu'il y ait dans la semaine un jour où l'on puisse vivre ensemble. Vivre ensemble, c'est l'équipe de foot, c'est le club cycliste, c'est tout ce que l'on veut. Mais plus fondamentalement, pour nous, c'est la famille. Et tout le monde sait aujourd'hui comment par tous les bouts on « rogne » la famille. Nous pensons vraiment que c'est une priorité fondamentale, pour une culture et une société. Parce que c'est la cellule de base, c'est sur la famille que repose une société. Ou alors, c'est sur l'individu – et c'est la conception individualiste, qui nous paraît non seulement contraire à la doctrine chrétienne mais surtout contraire à la loi naturelle, à la nature des choses.

Je trouve d'ailleurs que l'exemple de la distribution est frappant par rapport à la culture de l'Europe occidentale. C'est que en fait, certains prétendent que si les grands magasins étaient ouverts le dimanche, les foyers pourraient mieux acheter, ils seraient plus à l'aise, etc. Et c'est vrai que si vous voulez acheter une télévision, un meuble... vous voulez l'acheter en famille avec votre femme ou votre mari, et c'est bien difficile d'y aller un jour de semaine, donc vous avez les nocturnes et vous avez les samedis. Et le dimanche, bien sûr pour la distribution, c'est tentant. Mais il est évident que, il y a trente ou quarante ans, quand on travaillait les six jours, on avait bien plus de problèmes à subvenir à ses besoins. Qu'est-ce qui a changé ? C'est la place de la consommation. Et chez les chrétiens, le dimanche, ce n'est pas seulement la messe, c'est le jour du Seigneur, c'est-à-dire qu'on le vit autrement, on ne le vit pas en produisant des biens matériels, en gagnant de l'argent. On le vit en rendant visite aux malades, etc. On le vit en famille. C'est une journée vécue différemment. Et aujourd'hui, c'est le dieu Consommation qui a pris la place du Dieu des chrétiens, et ce dieu Consommation, il demande son dimanche. Il demande toute la journée. Et... je crois que c'est parce que la consommation a pris davantage de place dans le mode de vie des gens que ce besoin est apparu.

Le point de vue d'un membre de la CFDT : Jean-Pierre Dufour

En ce qui nous concerne, notre position est un petit peu plus complexe parce qu'on se trouve face à des contradictions entre salariés. Le repos du dimanche est un acquis et nous ne souhaitons pas qu'il soit remis en cause globalement. Une fois qu'on a dit ça, il y a aussi le problème des évolutions de la société, les modes de consommation qui changent. Les femmes en plus grand nombre travaillent dans la semaine. On est donc confrontés à certaines difficultés, peut-être des souhaits, de la part des consommateurs qui voudraient voir des commerces s'ouvrir le dimanche parce que ça semble plus facile, quand tout le monde travaille dans la semaine, de faire ses courses ce jour-là. Le seul problème, c'est qu'il n'y a jamais eu d'études pour savoir si les consommateurs étaient véritablement favorables à l'ouverture le dimanche. Des gens disent qu'il y a souhait mais ce n'est nullement vérifié. Alors je crois qu'il faut être extrêmement prudent.

L'ambiguïté, c'est que les salariés sont aussi des consommateurs. C'est là un des problèmes, mais la réduction du temps de travail, les loisirs, enfin tout indique une civilisation qui va de plus en plus dans le sens d'un plus grand nombre d'ouvertures le dimanche. Bon, le repos du dimanche, c'est entre autres un problème culturel. Il y a des régions en France où l'idée même de travailler le dimanche serait tout simplement inacceptable. Cela remonte à des faits sociaux, culturels, religieux, ce n'est pas une chose très simple. La législation pose un principe qui est celui d'un repos hebdomadaire. Mais on a aussi un autre principe qui est la liberté d'entreprise. On a là encore des choses qui s'entrechoquent... Alors face à ça, nous n'avons pas aujourd'hui d'idées arrêtées, globales sur le sujet. Disons que c'est beaucoup plus au coup par coup, suivant la réalité locale, suivant la nécessité ou pas, localement, d'ouvrir le dimanche. Nous, ce qu'on souhaite, c'est vérifier que les consommateurs désirent vraiment des ouvertures le dimanche.

On assiste aujourd'hui, me semble-t-il, à un retour sur la famille... la famille au sens large d'ailleurs ou les amis. Les jeunes restent beaucoup plus qu'avant chez leurs parents ou bien se retrouvent dans des groupes. Or, ces activités sociales ne peuvent avoir lieu qu'autour du week-end et notamment du dimanche. Et s'il y a dans la famille ou dans le groupe d'amis des gens qui travaillent en semaine et d'autres le dimanche, ça casse obligatoirement un certain nombre de relations. On sent bien aujourd'hui qu'il est nécessaire que les parents soient plus proches des enfants pour suivre les études, etc. Le travail le dimanche ne pourrait que nuire à ce besoin de renforcer les liens...

Le dimanche semble être le moment où on quitte l'activité professionnelle pour avoir une activité... peut-être plus... j'allais dire plus créatrice... enfin, ça pourrait laisser supposer que le travail n'est pas créateur... Disons que dans le travail, on ne peut pas s'exprimer. Donc, le dimanche, c'est le moment de pouvoir faire un peu ce qu'on a envie de faire. Se reposer, mais aussi se livrer à d'autres occupations. Il y a un tas de choses qui se développent le dimanche.

Il y a des contradictions à gérer... comme celle du salarié-consommateur, qu'à mon avis on retrouvera de plus en plus, du fait de l'évolution de la société... Mais on peut penser que le dimanche devrait rester un moment plus social que lucratif.

Je voyage beaucoup et je suis frappé par les dimanches en Europe du Nord le dimanche là-bas, c'est un désert relativement triste. Absolument tout est fermé, même la plupart des cafés, des magasins. Mais la vie sociale doit s'exprimer autrement, je suppose, dans d'autres lieux.

Texte établi par Jacques Poli, Alain Deleu et Jean-Pierre Dufour, « Salariés et consommateurs à la fois », in *Dimanche*, coll. « Mutations », Autrement, mai 1989.

Pour ou contre le repos du dimanche

A. Le point de vue d'un syndicaliste de la CFTC

• *Exposé de la problématique*

Le dimanche est un jour de repos. Jusqu'à quel point peut-on satisfaire les besoins du service public ce jour-là ?

• *Explication des raisons pour lesquelles on ne doit pas imposer le travail du dimanche*

– Raison historique

Le droit au repos remonte au IVe siècle. Même s'il n'existe que pour une minorité, on doit prendre en compte ce droit.

– Raison morale/spirituelle

Les ouvriers ne sont pas des machines. La production doit être au service de l'homme et non l'inverse.

– Raison sociale

Les relations sociales sont importantes pour l'homme, le dimanche permet de vivre ensemble.

– Raison familiale

La cellule de base, c'est la famille et non l'individu. La famille se retrouve le dimanche.

• *Réfutation des arguments économiques pour l'ouverture des magasins le dimanche*

Certains prétendent que c'est seulement le dimanche qu'on peut faire des achats en famille, mais en fait on peut vivre en s'occupant d'autre chose que des biens matériels.

• *Exposition de l'argument majeur de la CFTC*

C'est parce que le dieu Consommation a pris la place du Dieu des chrétiens que le besoin de consommer le dimanche est apparu.

B. Le point de vue d'un syndicaliste de la CFDT

• *Prise de position marquée par l'incertitude*

Le repos du dimanche est un acquis social. Mais tout le monde le souhaite-t-il ? Ce n'est pas vérifié. Donc restons prudents.

• *Arguments divers*

– En faveur de décisions souples

En France, les situations sont plurielles et contradictoires. Donc pas de point de vue arrêté sur le sujet. Procéder au coup par coup.

– En faveur du repos

Les besoins de la famille et les besoins d'activité créatrice.

– En forme d'interrogation

Plutôt en faveur du repos, pour des raisons sociales, mais avec une interrogation fondée sur la situation en Europe du Nord (où l'on semble s'ennuyer ferme le dimanche).

Le travail ci-dessus peut être utilisé pour la compréhension et pour l'expression orale. Ne pas donner les réponses aux étudiants.

• L'analyse et l'élaboration de synthèses à l'aide des grilles de lecture est destinée à faciliter la compréhension et la mémorisation du texte.

• On pourra procéder ensuite à des repérages de la formulation des arguments et des attitudes et positions des deux syndicalistes sur le problème. Que révèlent-elles de leurs idéologies respectives ?

• Cette étude peut être suivie d'un débat ou d'une table ronde sur le même sujet, ou un sujet similaire. Il devra être préparé en petits groupes pour la recherche des arguments et un essai de mise en forme.

Analyse
d'une argumentation orale

Interview des habitants d'une ville moyenne

INTERVIEWER : Bien, on va parler de la ville... C'est une idée de Mitterrand, vous disiez ?

L'HOMME : Oui, c'est une idée chère à Mitterrand qui dit que la France est en train de passer d'une civilisation de type pastoral à une civilisation de type urbain. Et ça explique d'ailleurs tous les problèmes qu'il peut y avoir en France, dans les grandes villes, en particulier dans les grandes métropoles.

LA FEMME : Chaque fois qu'on revient de Paris, c'est la même chose ; on est contents d'aller à Paris pour y passer quelques jours, mais on est bien contents de rentrer à Chalon-sur-Saône parce qu'on ne pourrait pas vivre constamment à Paris. C'est trop grand, les gens sont toujours pressés et on a l'impression d'étouffer, de toujours courir, c'est trop grand comme ville, quoi !

L'HOMME : Oui, par exemple, au XIXe siècle, les relations sociales, c'était les relations qui existaient dans le village, c'est-à-dire qu'il y avait une hiérarchie qui s'établissait, il y avait des rapports entre les gens. C'était assez stable finalement et l'industrialisation a amené l'exode rural surtout à partir de la Seconde Guerre mondiale. Il y a des grands ensembles qui se sont créés et les relations sociales n'ont peut-être pas eu le temps de se constituer comme elles l'ont fait au cours des siècles derniers, dans un autre cadre. Alors ça, c'est un fait que c'est un problème à l'heure actuelle, un des problèmes majeurs qui se posent en France et à nombre d'autres pays aussi, avec un certain retard pour la France par rapport à l'Allemagne et à l'Angleterre où l'industrialisation s'est faite plus vite. C'est un problème très important et, paradoxalement, on n'en parle pas beaucoup dans le domaine politique alors qu'en fait, on devrait en parler plus. Ou tout au moins en avoir davantage conscience pour essayer d'y remédier ; parce que quand on parle de l'insécurité, quand on parle de problème en réalité, sous-jacent, il y a ça. Insécurité, pourquoi ? Ce n'est pas l'insécurité dans les petits villages, c'est l'insécurité dans les grandes villes, dans les grands ensembles.

La FEMME : Oui, parce que même dans une ville moyenne, comme Chalon-sur-Saône, on parle d'insécurité. Par exemple, il y a deux ou trois jours, on a arrêté 21 jeunes de 12 à 16 ans qui avaient pillé des magasins, mais on les a relâchés parce que, quand même, ils étaient trop jeunes !

L'HOMME : Oui, mais je ferais une différence entre une ville moyenne comme Chalon et Paris. Parce que si on prend Chalon, c'est une ville assez grande par rapport aux critères français, mais malgré tout, il y a encore largement une mentalité paysanne, en ce sens qu'ils ont toujours de la famille, les gens de Chalon, soit en Bresse, soit à la campagne, donc ils ont encore des liens avec le mode de vie précédent. Ce qui fait qu'il y a un certain nombre de valeurs qui subsistent si bien qu'ils ne sont pas aussi déracinés ou même déboussolés que dans les grands ensembles des grandes villes ou des grandes métropoles.

INTERVIEWER : Oui, mais vous ne pensez pas que c'est un problème d'urbanisation et pas seulement social ?

L'HOMME : Il faut dire une chose : c'est qu'il y a eu ce que l'on appelle les Trente Glorieuses, après la Seconde Guerre mondiale, le développement considérable en France et en Europe occidentale, dans le monde aussi à vrai dire, ça a causé des transferts de population importants que ce soit à l'intérieur de la France avec l'exode rural ou que ce soit avec les immigrés qui sont venus, main-d'œuvre étrangère importée d'un certain nombre de pays et... donc ce qui c'est passé, c'est qu'on a paré au plus pressé : on a construit des ZUP dans les années 1960 et 1970. Pour quoi faire ?

Pour loger des gens, mais maintenant on crie haro sur le baudet, c'est pas bien les ZUP ! En fait, il faut quand même voir ce qu'il y avait avant. Avant, où est-ce qu'ils habitaient les gens ? Ils habitaient dans des immeubles, ils habitaient dans des appartements où il n'y avait pas de confort, où il n'y avait pas de salle de bains, il n'y avait rien enfin ! C'est vraiment quelque chose qu'on trouverait maintenant inacceptable et, à l'époque, ils étaient bien contents d'y être dans ces ZUP !

Archipel 3, Didier, 1987.

On peut travailler sur une transcription d'une argumentation orale afin d'en dégager les grandes lignes et d'en analyser les modalités.

On demandera d'abord aux étudiants de repérer les rapports logiques marqués dans cette argumentation en soulignant les éléments linguistiques qui les expriment. Par exemple, dans le premier paragraphe, un rapport de cause à conséquence est exprimé par « et ça explique... »

Ensuite on leur demandera de repérer l'enchaînement de ces relations causales dans les paragraphes 3, 5 et 6.

On terminera en comparant les travaux des élèves avec les contenus des schémas d'argumentation orale p. 87.

Travail de réécriture de texte
« à la manière de »

La solitude en sueur

L'expression « être mal dans sa peau » traduit généralement le malaise psychique de la personne qui la reprend à son compte. Assez significativement, elle établit une relation entre le corps et l'esprit que considèrent avec beaucoup d'attention les personnes qui ont besoin de prendre soin de leur forme et de leur ego. Parmi elles, et peut-être plus que tous les autres, les célibataires qui représentent les trois quarts de la clientèle des salles de gym. « À partir de trente ans, il faut jouer serré avec son corps, dit Joëlle (34 ans, étalagiste dans un grand magasin). Si on l'oublie, on est fichu. On passe sans s'en rendre compte de l'état de célibataire à celui de vieille fille. »

Ce souci esthétique est-il plus spécifiquement féminin que masculin ? Oui, si l'on considère que le culte de la beauté physique est plus important chez les femmes que chez les hommes. Non, si l'on tient compte que les hommes, et particulièrement les hommes célibataires, ont également et de plus en plus le souci d'avoir un corps attirant et harmonieux.

Du coup, les salles de gym s'emplissent. Elles connaissent un tel succès que, pour faire face à la demande, on a dû les multiplier, parfois en nombre pléthorique, et importer des États-Unis de nouvelles formes de gym (aérobic, body-building, stretching, gym-tonic...). [...]

Dans ces salles, la technique est au service du corps, et du corps seulement. Au départ, beaucoup adhéraient à ces clubs dans l'espoir d'y faire des rencontres. Il en demeure encore quelques-uns aujourd'-hui qui caressent la même idée. Mais l'effort a toujours eu raison de ces secrètes ambitions qui ne trouvent pas généralement dans les salles de gym un cadre propice à leur réalisation. « Pas d'échanges pendant le cours : chacun transpire pour soi [...]. La drague n'est pas possible dans les salles de sport. Les hommes et les femmes sont en général séparés parce que les exercices sont différents. Les hommes font peu de stretching ou d'aérobic ; de la même façon que les femmes font peu de body-building. » Ainsi, hommes et femmes célibataires suent solitairement dans les salles de gym.

Pourtant, ce culte du corps paraît mener ses fidèles à la communion. La salle de gym devient une église pour certains, comme la nature un temple pour d'autres. Soit qu'ils se lèvent un peu plus tôt le matin, soit qu'ils prennent sur le temps du déjeuner, soit enfin qu'ils rentrent un peu plus tard le soir : ils sont nombreux qui, à matines, vêpres ou complies, célèbrent leur dieu : le corps sportif. Ils sont de tous les âges et de toutes les conditions qui participent chaque dimanche matin à la grand-messe en plein air : nos campagnes environnantes et nos espaces verts urbains sont hebdomadairement investis de solitaires qui marchent, courent, soufflent, suent et parfois souffrent dans l'espoir de garder la forme.

À l'heure où le narcissisme bat son plein, la culture physique, ou plutôt le sport en général, s'annonce comme cette religion triomphale du culte du moi. Naturellement, certains solitaires en sont des adeptes fervents. Plus narcissiques que les autres, ils ont davantage le souci de plaire. Et dans leur quête de séduction, ils oublient tout bonnement leur condition.

C'est donc la recherche d'une valorisation de soi que poursuivent certains solitaires. Mais c'est davantage à une quête de l'autre que songent bon nombre d'entre eux. Le hasard interviendra ou non dans cette quête selon qu'ils confient leur destin aux astres ou aux services d'une agence matrimoniale qui, au passage, rappellera qu'il y a, là encore, un prix à payer pour sa solitude.

Michel Hanoun,
Nos solitudes. Enquêtes sur un sentiment,
coll. « L'épreuve des faits », Le Seuil, 1991

Analyse des idées (compréhension du texte)

Recherchez dans le texte les informations suivantes :
- les activités par lesquelles se manifestent le culte du corps ;
- sont-elles plutôt féminines ou masculines ?

Ce qui est féminin : ....

Ce qui est masculin : ......
- les caractéristiques des comportements dans les salles de gym ;
- la métaphore qui synthétise ce comportement.

Donnez votre point de vue personnel.

Utilisez vos notes pour faire un compte rendu de ce texte et terminez par un jugement bref.

Analyse de l'argumentation du texte : grille de lecture

- 1er paragraphe :

Définition du problème : → *Résumez le problème en une phrase.*

- 2e paragraphe :

Reprise de l'idée du 1er paragraphe : → *Quel groupe de mots reprend cette idée ?*

- 3e paragraphe :

Conséquence de la situation décrite dans les deux premiers paragraphes : → *Elle est introduite par quel mot ? Quelle est cette conséquence ?*

- 4e paragraphe :

Il est construit sur une **opposition** : → *Laquelle ? Résumez-la en une phrase.*

- 5e paragraphe :

Il introduit une restriction par rapport à l'idée précédente : → *Quel mot introduit cette restriction ? Résumez-la en une phrase.*

- 6e et 7e paragraphes :

Conclusion par reprise de l'idée principale du thème et de l'opposition des deux types de solitaires : → *Formulez cette conclusion en une phrase.*

Extrait de *Libre-Échange 3*, Hatier / Didier, 1993.

Résumés possibles des paragraphes faits *par le professeur* après le travail des étudiants à partir de la grille d'analyse de texte

❶ *Les célibataires de plus de trente ans fréquentent beaucoup les salles de gym car, après cet âge, les femmes surtout craignent de vieillir sans même s'en rendre compte.*

❷ Mais ce *souci esthétique* est partagé aussi bien par les hommes que par les femmes.

❸ *Du coup*, les salles de gym se multiplient, proposant de nouvelles formes de gym, importées des États-Unis.

❹ Beaucoup d'adhérents viennent dans ces salles dans l'espoir d'y faire des rencontres, *mais* les efforts exigés par le sport et la séparation des sexes dans des salles différentes où ils pratiquent des exercices adaptés à leurs besoins ruinent cet espoir et les condamnent à rester solitaires (à « suer solitairement dans les salles de gym »).

❺ *Pourtant* une communion finit par s'instaurer, créée par des habitudes communes de célébration quotidienne et hebdomadaire du culte du corps.

❻ *Ce culte, qui est la manifestation du narcissisme ambiant, préfigure la nouvelle religion du moi et comporte deux types d'adeptes : ceux qui recherchent la valorisation de soi et ceux qui sont en quête de l'autre.*

Travail de groupe

Faire comparer quelques résumés d'étudiants au résumé du professeur pour en faire analyser les différences (organisation de l'information et moyens formels).

La prise de conscience des différences entraîne l'acquisition progressive de la compétence.

Travail de réécriture

❶ Selon le modèle argumentatif de « la solitude en sueur » et sur un autre thème : le culte de l'élégance[1].

• Les jeunes filles soignent leur toilette dans toutes (ou certaines) circonstances de la vie. Dans quel but ? Pour quelle raison ?

• Les garçons partagent-ils ce souci d'élégance ? Quels sont les différences ?

• Quelles sont les conséquences ? Que se passe-t-il de nos jours ?

• Le culte de l'élégance rapproche-t-il les garçons et les filles ? Ou bien restent-ils séparés ? Exprime-t-il un narcissisme ? Ou autre chose ? Quelle suite ? À l'avenir, prévoit-on un rapprochement des sexes ou une poursuite de l'état actuel ?

❷ Travail de réécriture pour les étudiants d'un pays où cette réalité existe.

---

1. Le thème a été choisi et proposé aux étudiants parce qu'il était particulièrement conforme aux habitudes du pays où l'exercice a été fait.

Citation

Extraits de *Neurolinguistic Aspects of Implicit and Explicit Memory : Implications for Bilingualism and SLA*, Michel Paradis, Mc Gill University Academic Press, 1994

Sur l'« apprentissage incidentiel »

Ce qu'on appelle l'apprentissage incidentiel est l'apprentissage inconscient ou implicite qui se produit par la fréquentation des textes et l'attention portée au message. Il développe la mémoire procédurale. Il a lieu chaque fois que l'étudiant se trouve en situation de compréhension de textes ou de locuteurs de la L.C., ou en classe, chaque fois qu'il doit recourir aux textes pour y chercher des informations. C'est pour cela qu'on l'appelle « incidentiel ». Lorsqu'il se produit en milieu naturel, il est très coûteux en temps (il faut parfois des années pour apprendre une langue). Mais on peut le développer en classe de langue et accélérer le processus en sélectionnant et en guidant les opérations de compréhension et de mémorisation, et en apportant à l'apprenant un feed-back constant grâce au temps consacré au contrôle et à la vérification des formes (phases d'auto et d'intercorrection).

Sur la compétence linguistique implicite et la connaissance grammaticale explicite

La connaissance grammaticale explicite n'est pas disponible automatiquement dans le processus inconscient de production d'une phrase [...] elle peut servir à vérifier la correction des phrases produites automatiquement, mais elle ne fait pas partie du processus de production automatique. Le locuteur peut utiliser soit un processus automatique, soit un processus contrôlé, mais pas les deux en même temps [...] L'énoncé doit être produit automatiquement avant de pouvoir être corrigé... La production automatique est une production inconsciente.

Ce qui est emmagasiné dans la mémoire procédurale est en dehors de la conscience du locuteur. La pratique du langage, c'est-à-dire l'utilisation d'énoncés, est ce qui conduit directement à l'amélioration de la compétence implicite. La connaissance des règles n'y conduit pas.

Sur la participation du système limbique

La toute première phase de chaque énoncé normal est l'intention de communiquer un message pour satisfaire un besoin précis, ce qui implique la participation du système limbique [...] Toutes les méthodes qui mettent l'accent sur le message à communiquer et non sur la forme maximalisent les occasions d'apprentissage incidentiel.

Selon Lamendella (*General Principles of Neurofunctional Organisation and their Manifestation in Primary and Secondary Language Acquisition*, 1977), l'apprentissage dans un environnement naturel, opposé à l'apprentissage formel, implique la participation du système limbique responsable des désirs et de la motivation et il est intégré dans le système fondamental de communication (qui est à la fois phylogénétique et autogénétique) tandis que l'apprentissage formel (méthode de grammaire-traduction ou exercices structuraux), qui n'implique pas le système limbique, fonctionne comme tout apprentissage explicite, tels que celui de la chimie ou de la géographie.

Contributions

Itinéraire pour construire des activités d'évaluation en FLE, Ginette Barbé

Si évaluer fait partie des activités professionnelles que doit assurer tout enseignant, presque quotidiennement sous des formes diverses, c'est ce à quoi il a été le moins formé pendant ses études. Trop peu nombreux sont ceux qui ont accès aux stages de formation continue.

Nous proposons aux enseignants un petit itinéraire d'auto-formation accessible à tous, en leur rappelant que se former, c'est accepter de transformer, de changer :
– ses représentations et ses attitudes ;
– ses connaissances (acquisition ou actualisation) ;
– ses pratiques.

Il faut d'abord savoir que les difficultés ne résident pas dans la complexité des connaissances à avoir, mais dans les résistances au changement, phénomène humain bien connu, dues au poids des représentations, souvent inconscientes que les enseignants ont de l'évaluation et qui, faute de formation, font obstacle à une approche rationnelle du domaine.

1. Adopter des attitudes positives en évaluation

Pour se former à l'évaluation et améliorer les pratiques il y a certes des connaissances spécifiques à acquérir et des techniques à maîtriser (peu nombreuses et tout à fait accessibles), mais cela ne suffit pas, il faudrait surtout **adopter des attitudes positives**. L'approche de l'évaluation reste encore trop souvent négative car elle est focalisée sur le dépistage des « fautes », et les « fautes » dans de nombreuses cultures se punissent. Les « fautes » ne sont souvent que des « erreurs » qui correspondent à des étapes d'apprentissage et sont autant d'informations précieuses, pour l'enseignant comme pour l'apprenant. Par exemple, pour une phrase comme : « Demain, j'ira au concert », « j'ira » sera sanctionné dans une approche négative et considéré comme étape d'apprentissage dans une approche positive car, sémantiquement, le locuteur se situe au futur (utilisation de « demain » et « verbe au futur »), mais ne maîtrise pas la marque morphologique de la personne qui parle. Or les théories d'acquisition ont montré que l'apprentissage des marques morphologiques est tardive. Il s'agit donc dans ce cas d'un apprentissage en train de se faire, qu'il convient de valoriser.

L'enseignement étant au service des apprentissages, les priorités de l'enseignant/évaluateur devraient être celles du repérage et de l'analyse des **acquis** de ce qui est appris, or, spontanément, c'est plutôt l'inverse qui se produit. Cela se ressent dans la conception même des activités d'évaluation. En étant focalisé sur les risques de fautes, inconsciemment l'enseignant (concepteur ou utilisateur d'épreuves d'évaluation) redoute que l'apprenant échoue (car il se sent indirectement évalué à travers les évaluations de ses élèves, phénomène bien connu en sociologie de l'éducation), et il a tendance à multiplier les aides sous forme de consignes. Dans certaines épreuves d'évaluation de la compréhension orale, on trouve souvent « vous allez entendre un texte, et vous répondrez aux questions suivantes (l'élève a les questions sous les yeux pendant les écoutes), vous entendrez ce texte trois fois ». Il s'agit en fait d'une épreuve d'entraînement à la compréhension, mais sous cette forme, elle ne permet pas d'évaluer le niveau de compréhension réel de l'étudiant. Le jour où il écoutera la radio, ou assistera à un cours en français, il n'y aura pas deux ou trois répétitions, et il n'aura pas développé les stratégies nécessaires à une compréhension satisfaisante. Si l'enseignant avait une approche positive de l'évaluation, il n'aurait pas à multiplier les aides pour se rassurer lui-même. La solution est de proposer des textes oraux adaptés au niveau des étudiants, aux limites de la mémoire, et de les insérer dans une situation qui servira naturellement d'appui à la compréhension. Par exemple, si j'écoute le bulletin météo à la radio avant de partir en voyage, mon écoute sera naturellement sélective. Je serai inconsciemment préparé à percevoir le sens du texte oral que j'aurai à écouter. La motivation joue un rôle essentiel dans la perception du sens. Trop d'épreuves d'évaluation, non contextualisées, ne présentent aucun intérêt pour les étudiants. Plusieurs écoutes se justifient pour la compréhension de messages sur répondeur téléphonique, et cette mise en situation pourrait être utilisée pour des débutants.

2. Acquérir ou actualiser les connaissances et les techniques nécessaires

Pour élaborer des activités d'évaluation adaptées à l'usage qu'il veut en faire, et au public qui est le sien, l'enseignant doit clarifier trois points essentiels :
– la **conception du langage** à laquelle il se réfère et s'y tenir ;
– la **conception de l'apprentissage** ;
– la **conception de l'évaluation**.

Une fois ces choix clarifiés, il convient de les respecter dans la fabrication d'épreuves (garantie de cohérence).

Conception du langage et évaluation

La pratique des stages et l'observation critique d'activités d'enseignement montrent que, pour de nombreux enseignants, la conception du langage demeure floue, ou plus exactement que la notion de compétence de communication n'est pas véritablement comprise. Il apparaît que l'on a tendance à distinguer les connaissances linguistiques que l'on enseigne en tant que telles et le savoir-faire ou la compétence communicative que l'on va s'efforcer de faire acquérir une fois les connaissances acquises. En réalité, la notion de compétence communicative ne s'oppose pas aux savoirs appropriés par l'étudiant. Elle désigne l'organisation, la structuration de ces savoirs en situation. Par exemple, ce n'est pas parce qu'un étudiant connaît les formes du subjonctif qu'il saura les utiliser, ce n'est que lorsqu'il aura été mis plusieurs fois dans des situations de communication où il aura à exprimer l'attente, le désir, etc. et où l'emploi du subjonctif est nécessaire, qu'il finira par acquérir une compétence d'expression dans un certain domaine de communication.

Si l'on se donne une conception communicative du langage, on ne peut donc pas enseigner la morphologie du subjonctif à part, en en faisant l'objet d'exercices. On ne peut l'enseigner qu'à travers des activités exprimant le sens auquel est lié le subjonctif. Il s'agit de remplacer la notion « de connaître le subjonctif » par la notion de compétence dans l'expression du doute, du souhait, etc. Car c'est le sens qui est l'élément structurant des connaissances. **Être compétent, c'est savoir mobiliser les connaissances nécessaires et leur articulation en fonction de la nature des activités langagières requises dans une situation précise**.

La conséquence à en tirer, lorsqu'il s'agit d'évaluation, ce sera donc de partir de situations simulées, vraisemblables, pour que se mobilisent et se structurent les connaissances qu'elles requièrent. Ce n'est que dans ces situations qu'on pourra évaluer les compétences. Tout autre type d'épreuves ne permet que de **contrôler des connaissances linguistiques**.

Conception de l'apprentissage

Rappelons simplement que pour évaluer les apprentissages, les acquis, il faut avoir un minimum de compréhension de ce qu'est apprendre. Cela signifie qu'apprendre met en jeu un certain nombre de fonctions telles que perception, mémoire, activités mentales de catégorisation, de capacités à inférer, à évaluer (conception cognitive de l'apprentissage), et nécessite un certain niveau de motivation, mais surtout que cela implique l'activité du sujet. C'est en se confrontant à des tâches, en s'appuyant sur des connaissances et compétences déjà en place, en faisant des hypothèses, en les vérifiant, que l'apprentissage se construit, par approximations successives et ajustements constants. La solidité des nouveaux apprentissages en dépend. Spontanément, l'apprenant intègre dans son cheminement des procédures de vérification, d'évaluation intuitive de ce qu'il fait, et démontre sans le savoir que l'autoévaluation est partie intégrante de l'apprentissage. Se référer à ces options, c'est accepter que l'apprentissage passe par des étapes où tout n'est pas maîtrisé, que ces étapes sont positives et qu'elles doivent être perçues comme telles pour entretenir la motivation des élèves.

Conception de l'évaluation

Contrôler et **évaluer** ne sont pas synonymes. Il s'agit de deux démarches différentes et complémentaire.

– **Contrôler, c'est vérifier la conformité à un modèle**, c'est comparer à un modèle défini et indiscutable, par exemple, l'orthographe d'usage et les marques morphologiques des temps, l'ordre des nombres, les dates, etc. Le contrôle est ponctuel, il ne peut porter que sur un élément à la fois et la réponse est juste ou fausse. Il est en ce sens très objectif. Il est adapté à la vérification de connaissances ponctuelles.

– **Évaluer** est une démarche plus complexe, plus globale, qui vise à **interpréter** (c'est-à-dire à donner du sens) le travail de l'apprenant par rapport aux objectifs visés, en utilisant non pas un modèle mais un **ensemble de critères** choisis en fonction de l'objectif (qui sont des parties de l'objectif), en fonction du niveau d'apprentissage et en cohérence avec la conception de la langue enseignée. Si l'enseignement est communicatif, l'évaluation doit se construire dans une perspective communicative.

Dans cette perspective trois critères de compétence pourraient être retenus :

– **critère pragmatique** : savoir transmettre l'information de manière cohérente en utilisant les différents moyens disponibles (organisation du discours, fluidité et intonation à l'oral) ;

– **critère linguistique** : savoir utiliser le lexique et la phonétique, la syntaxe et la morphologie de manière appropriée ;

– **critère sociolinguistique** : savoir adapter son discours à la situation en utilisant les registres et les règles d'usage qui conviennent ;

– On peut ajouter selon les situations des **critères** comme **l'expressivité**.

L'ensemble des capacités décrites ci-dessus constitue la compétence de communication. Elles devront être évaluées ensemble à partir d'une même situation. Un test lexical, un test grammatical, un test syntaxique ne s'additionnent pas pour donner une image de la compétence visée. Ce qui est important, c'est de savoir si l'étudiant a mobilisé le lexique pertinent, utilisé les temps verbaux appropriés, structuré l'ensemble de façon adéquate pour réaliser les activités langagières requises dans les situations où il était engagé.

3. Construire une activité d'évaluation

Pour évaluer des compétences, il faut :

• faire produire du discours en situation (situation simulée, entretien, toute autre production personnelle) ;

• analyser les productions des élèves en utilisant les critères présentés ci-dessus (ce qui constitue une grille d'évaluation), pour repérer les acquisitions ;

• interpréter les résultats observés par rapport aux critères exigés, aux fonctions de l'évaluation : placement dans un cours, régulation pédagogique (évaluation formative), examens, et au niveau d'apprentissage : par exemple exiger la perfection morphologique avant une centaine d'heures d'apprentissage est une aberration ;

• élaborer un barème si la notation est nécessaire : c'est attribuer un certain nombre de points à chacun des critères retenus, pour situer l'ensemble sur une échelle préalablement définie. L'étendue des échelles utilisées varie d'un pays à l'autre. Elles sont imposées dans le cas des examens et tests institutionnels (de 0-5, 0-10, 0-20, etc.) et on ne peut que s'y conformer. Il en va autrement pour les évaluations formatives en classe, où des échelles moins étendues sont souhaitables (0-5, par exemple) de façon à inciter le professeur à aller à l'essentiel et l'étudiant à mieux situer les aspects essentiels de l'apprentissage.

Conclusion

L'évaluation en didactique des langues n'a jamais connu de contexte plus favorable à son développement. De nombreuses publications en témoignent. Les manuels édités actuellement intègrent systématiquement l'évaluation. C'est un progrès incontestable car il est maintenant admis par tous que l'évaluation est une composante de l'apprentissage et non plus seulement une exigence sociale comme le sont à juste titre les examens. Mais cette dynamique ne doit pas masquer le chemin qui reste à parcourir pour que ces progrès ne soient pas simple illusion. Les enseignants sont encore peu ou pas formés. Ainsi se reproduisent de génération en génération des attitudes et des pratiques qui finissent par être inadaptées aux objectifs actuels d'apprentissage et aux orientations méthodologiques revendiquées. Il en résulte un décalage et une incohérence entre les progrès pédagogiques et les modes d'évaluation utilisés.

L'enseignant doit et peut prendre en charge l'amélioration qualitative de l'évaluation pratiquée en classe de langue. Il est le mieux placé pour assurer la cohérence entre enseignement / apprentissage et évaluation, cohérence indispensable à son efficacité. Être vigilant pour lutter contre la routine, redonner du sens aux activités proposées, et simplement s'en tenir au bon sens est à la portée de tous.

« Pour une pratique intensive de l'oral : la macrosimulation », Christine Mestre, janvier 2002

Développée dans les années 1980 en Australie, d'abord à l'université du Queensland puis à travers toute l'Australie, la macrosimulation s'est appliquée à différents types de public : étudiants spécialisés ou non en français, adolescents, adultes en formation continue, adultes migrants apprenant l'anglais.

Le développement de cette technique qui vise à fournir une structure pour la pratique intensive de la langue répond à plusieurs préoccupations :

– **susciter et maintenir la motivation** grâce à l'aspect ludique mais aussi parce que chacun, par ses productions écrites et par ses prises de parole, a une influence et une responsabilité réelles dans la vie de la simulation et donc sur le déroulement du cours. **La macrosimulation propose une structure ouverte** (seules les premières séances sont programmées) **qui évolue en fonction de l'apport des participants et de ce qu'ils réalisent ensemble.** Chacun est responsable de la réussite du processus ;

– **optimiser l'implication des apprenants dans les prises de parole** structurées par un réseau de contraintes d'autant plus opératoires que les apprenants contribuent à les créer. Les improvisations et les productions écrites découlent des situations que les rôles créent. **La production du discours est structurée par des paramètres énonciatifs précis. Elle est facilitée parce que orientée vers un objectif : il faut modifier une situation donnée.** Ceci permet d'éviter les situations de prise de parole dont la finalité est de produire du discours en langue étrangère et les travers du « cours de conversation » initié et animé de bout en bout par l'enseignant amené à effectuer, à la place des apprenants, une grande partie du travail : questionnement, gestion des tours de parole, reformulation.

Dans la macrosimulation, l'enseignant est le plus souvent en retrait ce qui permet aux apprenants de s'exercer à une prise de parole abondante et riche qui leur demande, en temps réel, d'une part de recourir à tous les outils et stratégies dont ils disposent, d'autre part de mettre en œuvre toutes les compétences (conversationnelle, culturelle, linguistique) nécessaires à la communication orale ;

– **gérer l'incontournable hétérogénéité d'un groupe-classe et individualiser l'apprentissage** en donnant aux apprenants, quels que soient leurs besoins et leur niveau, l'apport individualisé nécessaire pour participer à des activités qui sollicitent des compétences et des savoir-faire différents et pour que chacun **développe sa propre compétence de communication**, ce que ne permet pas l'utilisation d'une méthode ciblant des contenus précis à acquérir par tous dans un temps donné ;

– **multiplier les moments de contact avec la langue et optimiser le temps de classe** en réduisant le temps de parole de l'enseignant, en favorisant le travail en sous-groupes et la participation à l'extérieur de la classe : travaux écrits demandés par l'enseignant ou initiatives des apprenants très vite sensibles au fait que leurs productions susciteront la réaction des autres participants.

1. Principes de fonctionnement

Le principe de la macrosimulation consiste à proposer un cadre dans lequel chacun interprétera un rôle du début à la fin. Ce cadre constitue un réseau de contraintes qui s'étoffent et se renforcent au fur et à mesure de la macrosimulation et qui structurent la participation. Toutes les activités sont interdépendantes (elles découlent les unes des autres) et orientées vers le développement de la macrosimulation. Une improvisation récurrente revient toutes les 3 ou 4 séances. La macrosimulation comporte plusieurs moments, en classe et hors classe, qui s'entremêlent et favorisent un apprentissage en spirale.

• En classe

– *L'élaboration du cadre* représente 20 % du temps, répartis sur les premières séances et lors de moments de négociation où l'on choisit en groupe ce que l'on retient des possibilités nouvelles, nées des improvisations et des productions écrites ;

– *Les improvisations* ou interactions simulées représentent 70 % du temps, répartis sur plusieurs phases :

• la préparation : c'est un moment bref (10 minutes maximum) où l'enseignant peut apporter à chacun une aide individuelle, en fonction des besoins et des lacunes qui apparaissent. Les apprenants ne doivent pas rédiger leur prise de parole (il s'agit d'improvisations, et ils seraient davantage gênés qu'aidés par la lecture d'un texte) mais préciser ensemble les paramètres de l'interaction. L'utilisation de la langue cible est obligatoire, même si de façon très ponctuelle, on peut avoir recours à la langue maternelle.

• l'improvisation : les participants jouent devant les autres. Si l'on dispose d'une vidéo, l'enseignant ou mieux encore, un participant, peut filmer. L'improvisation est ensuite présentée au groupe. L'enseignant n'intervient en aucun cas. Il se tient à l'écart et note les erreurs qu'il reprendra ensuite.

• le débriefing : on examine ensemble la performance des rôles, la cohérence de ce qu'ils ont dit et fait dans une situation donnée ;

• la correction et l'enrichissement linguistique. Ce travail peut être fait à partir des points lacunaires notés par l'enseignant et les apprenants ou, idéalement, à partir de l'enregistrement vidéo. L'enseignant favorisera l'auto et l'intercorrection avant d'apporter des éléments nouveaux ;

– *L'évaluation :* l'enseignant peut, si ses contraintes, notamment institutionnelles le lui permettent, recourir pour l'évaluation à une ou plusieurs activités de la macro-simulation, notamment l'improvisation récurrente, auxquelles les apprenants sont déjà entraînés.

• Hors classe

En dehors de la classe, les apprenants poursuivent leur participation lors de :

– recherches documentaires ;

– travaux écrits (obligatoires, facultatifs ou volontaires) découlant des improvisations : des lettres, des affiches, des publicités, un article, un journal ou sa une, un menu, un compte rendu de réunion, etc.

Le travail sur la compréhension orale et écrite se fait en classe ou en dehors de la classe, à travers des **documents authentiques** divers. L'objectif de ce travail est de documenter les apprenants sur le cadre et ses pratiques, de leur proposer des exemples de discours qu'ils auront à produire, tout en les aidant à développer des stratégies de compréhension orale et écrite.

2. Déroulement

Les étapes proposées se répartiront sur un nombre de séances variable en fonction des unités de temps dont on dispose.

• *Choix d'un cadre général*

La proposition faite par l'enseignant est fonction des objectifs pédagogiques, français général ou spécialité, niveau des apprenants, statut de cette activité par rapport à d'autres moments d'apprentissage. Elle doit tenir compte aussi de la durée des séances, du temps global dont on dispose, du nombre de participants et des rôles potentiels dans cet environnement donné.

La première macrosimulation que j'ai développée dès 1981 à l'université du Queensland – mon ambition était aussi de familiariser les étudiants avec la culture d'une langue cible parlée dans un pays géographiquement et culturellement très éloigné – avait pour cadre **Le Village**, ce sont les exemples que nous reprendrons ici. Par la suite et dans d'autres circonstances, d'autres macrosimulations ont été élaborées pour des objectifs et des niveaux différents, de préintermédiaire à avancé : **Le Voyage**, **Rue Lepic**, **L'Entreprise**, **La Colo**. Dans tous les cas, les premières étapes seront les mêmes : leçon zéro, construction du cadre physique, choix des rôles, prise de rôle, mise en route, improvisation récurrente.

• *Leçon zéro*

Premier cours, la leçon zéro, outre les objectifs habituels (faire connaissance ou mieux se connaître, créer une bonne cohésion dans le groupe, introduire une certaine réflexion sur l'apprentissage, sur la langue et sur la communication) a pour objectif de présenter aux participants le principe de la macrosimulation.

L'enseignant peut utiliser comme activité de démarrage de cours un questionnaire que les participants se font passer mutuellement et qui porte à la fois sur eux (personnalité, centre d'intérêt) et sur la représentation que les participants ont de l'apprentissage, de la culture et de langues cibles.

Le débriefing du questionnaire permet une réflexion sur l'apprentissage, à partir de laquelle l'enseignant justifiera son choix d'un cadre d'apprentissage différent, la macrosimulation : il souhaite proposer un environnement ludique qui donne aux apprenants la possibilité de s'exercer à la communication de façon intensive dans des situations les plus réelles possibles. Il précise son rôle et celui des apprenants : il fera des propositions, jouera le rôle d'expert (c'est lui qui connaît la langue et sa culture) et d'aide, son objectif étant de permettre à chacun, quel que soit son niveau, de développer son aptitude à communiquer. Ce sont les apprenants qui vont jouer, créer, construire et nourrir la simulation. Tout ce qui s'y passera sera le fruit de leur travail en groupe et dépendra de ce qu'ils auront apporté. Cet apport peut être multiple et s'appuyer sur leurs centres d'intérêt, leurs préoccupations, leurs connaissances référentielles, leur savoir-faire.

L'enseignant expose les principes : la simulation consiste à jouer à être francophone. Il faudra y tenir le rôle que l'on a choisi dans les situations qui se présenteront, de façon cohérente : l'objectif n'est pas de monopoliser la parole, **mais d'intervenir de façon pertinente**. Toutes les quatre séances, il y aura une réunion du conseil municipal dont tous seront obligatoirement membres. Tous les moments de préparation et de travail en sous-groupe se dérouleront dans la langue cible.

L'enseignant doit expliquer que la classe est un lieu d'expérience où l'on peut s'exercer à la pratique de la langue sans encourir les risques du monde réel, les erreurs sont normales et positives car elles permettent la remédiation. Le bénéfice que chacun tirera du cours sera fonction de sa participation et de son implication. La seule obligation est de contribuer à la bonne marche du processus à son niveau de compétence. Par exemple, il faudra faire en sorte qu'il n'y ait pas de pannes de communication : si l'un des participants a des difficultés linguistiques les autres doivent, ainsi qu'on le fait dans la communication authentique, l'aider à trouver le bon mot, un synonyme, ou reformuler pour lui sa pensée. **L'enseignant n'interviendra jamais lors des improvisations**.

L'introduction des éléments linguistiques et culturels nouveaux se fera en fonction des besoins, à travers les documents authentiques et par un apport de l'enseignant ou de l'un des apprenants, lors des moments de préparation et de correction. L'introduction de contenus nouveaux au moment où l'apprenant en a besoin pour un réemploi immédiat facilite la mémorisation car ils sont ancrés dans un contexte dans lequel l'apprenant est impliqué. Cela permet également un apprentissage en spirale : un élément linguistique nouveau donné par le professeur et introduit par un apprenant sera d'abord reconnu en contexte puis repris par d'autres lors des interactions orales et à l'écrit. **L'enseignant doit expliquer qu'il n'est pas nécessaire de tout mémoriser du capital linguistique commun au groupe mais de développer les stratégies pour en tirer le meilleur parti.**

L'enseignant doit à ce moment-là préciser également les procédures d'évaluation qu'il a choisies en fonction du programme ou des contraintes institutionnelles.

• Première étape : construction d'un cadre physique

Dans l'exemple du **Village** que nous avons retenu ici, les participants choisissent une région de France qu'ils souhaitent mieux connaître ou dans laquelle ils aimeraient vivre, et se constituent en sous-groupes. Chaque sous-groupe devra faire une recherche (idéalement sur l'Internet et / ou à travers tout autre moyen disponible) pour rassembler toutes les informations pertinentes sur la région : géographie, climat, activités économiques, spécificités régionales. Chaque groupe présentera la région choisie en essayant de convaincre les autres d'adhérer à son choix.

Il s'agit dans cette phase initiale d'amener les apprenants à construire en groupe l'environnement dans lequel évoluera la macro-simulation.

L'élaboration du cadre se fait à partir des propositions des participants et des compromis qu'ils parviennent à établir entre eux. C'est une phase particulièrement importante car c'est le moment où s'amorce l'implication des apprenants qui voient leur apport intégré à ce qu'ils sont en train de construire. C'est aussi la première étape de responsabilisation des apprenants qui devront assumer les choix qu'ils ont défendus.

En ce qui concerne **Le Village**, après que chaque sous-groupe a présenté la région qu'il a étudiée, un temps de discussion est accordé (15 minutes maximum) à l'issue duquel on procède à un vote pour choisir le lieu où l'on va « vivre » le temps de la macrosimulation. Ce choix ne pourra pas être remis en cause.

Toujours en grand groupe, à partir des propositions de chacun, on précise la situation du village : dans une vallée, au bord de la mer, d'une rivière, d'un lac, à la montagne. On procède ensuite à l'inventaire minutieux des lieux qui constituent le cadre physique (plus le cadre physique sera défini, plus il sera facile d'en dégager des interactions possibles et plus l'interprétation des rôles sera aisée) : la typologie du village, les artères et les places, leur nom, les bâtiments administratifs, ceux liés à l'activité économique, les divers types d'habitat, les monuments et autres lieux propres à la région et à ses spécificités (coopérative viticole, yacht-club, auberge de jeunesse, etc.). Un étudiant note au tableau toutes les propositions. Après un court temps de réflexion, on procède pour chacune d'entre elles à un vote très rapide – les lieux qui ne sont pas retenus sont effacés. Au cours de ce travail – l'enseignant doit veiller à ce que les choix restent en cohérence avec la culture de la langue cible.

C'est au vu de tous ces éléments que l'on choisit le nom du village. Le choix définitif se fait par vote.

Les participants en sous-groupes doivent ensuite, en un temps limité, dessiner le plan du village. Les plans sont présentés par leurs auteurs et l'on met au vote le choix du meilleur plan. Il peut être encore modifié, à l'initiative des participants, et sera définitif dès qu'un compromis aura été trouvé.

Après une brève réflexion sur le type d'informations que l'on trouve dans un guide (informations historiques, description de monuments, hôtels et restaurants conseillés, itinéraires de promenade, légendes, spécialités culinaires), le professeur demande aux apprenants de préparer pour la prochaine séance, seuls ou à plusieurs, un travail écrit qui peut être au choix : un extrait du guide du village, une affiche ou un dépliant touristique. Le professeur présente des documents types ou renvoie les apprenants vers des sources diverses : Internet, publicités, documents de référence. Cette activité a pour objectif de favoriser l'implication des apprenants et leur motivation car la production de chacun sera découverte par les autres et contribuera à étoffer le cadre physique et à le rendre tangible.

Les productions écrites spontanées, obligatoires ou facultatives sont corrigées puis réunies dans un dossier sur la vie du village. Elles constituent une somme d'informations auxquelles les participants peuvent se référer tout au long de la simulation et garantissent la cohérence des interactions.

• Deuxième étape : choix des rôles

L'élaboration du cadre physique définit les rôles à pourvoir. L'enseignant propose aux participants de choisir une identité, une personnalité et un rôle (le rôle de maire reste vacant car il a démissionné et doit être élu lors d'une séance ultérieure).

Après une réflexion sur ce qu'est l'identité, les participants doivent choisir nom, âge (date de naissance), adresse, profession, situation de famille, deux qualités et deux défauts qui les caractérisent. On complète cette fiche par l'appartenance à des partis, des associations, le choix de loisirs. Si besoin est, on peut à ce moment-là récapituler les différents statuts familiaux d'un individu, procéder à un *brain storming* sur les qualités et les défauts ou sur les loisirs.

Tous les participants doivent rédiger leur carte d'identité, et au choix (seuls ou en groupe), la liste des associations avec l'adresse et le nom du président, le nom des boutiques et leur slogan publicitaire.

• Troisième étape : prise de rôle

L'enseignant collecte les cartes d'identité et propose, afin que tous apprennent à connaître les identités nouvelles et à les mémoriser, les activités suivantes :

❶ **Le prénom gestuel :** les apprenants sont en cercle, l'un d'entre eux avance d'un pas, dit son prénom et son nom en faisant un geste qui caractérise son métier ou caractère. Il revient dans le cercle, et le suivant doit répéter son nom et son geste avant de donner le sien et ainsi de suite ;

❷ **La ronde des noms :** les apprenants se déplacent dans la classe et lorsque l'enseignant tape dans les mains, ils s'arrêtent et doivent parler à la personne la plus proche. Ils doivent se présenter et se poser des questions sur leur identité ;

❸ **Jeu de présentation :** l'enseignant utilise une balle qu'il jette à l'un de participants en disant : « C'est Jacques Dubois, il est vétérinaire. » Jacques Dubois doit jeter la balle à un autre participant et le présenter selon la même formule : c'est + prénom et nom, il est + profession ;

❹ **Mime :** chaque participant doit mimer sa qualité et son défaut principal que les autres doivent deviner ;

❺ **La pioche :** on imagine que chaque participant a retrouvé la carte d'identité que quelqu'un a perdue. Hélas, seuls quelques éléments sont lisibles. Il faut présenter la personne dont on a la carte ; les autres doivent retrouver qui l'a perdue.

L'enseignant demande aux apprenants, en sous-groupes, de faire la liste de tout ce qui pose problème dans le village et d'imaginer pourquoi le maire a démissionné. On procède ensuite à une mise en commun dont on ne gardera, pour garantir une cohérence, que quelques éléments choisis en commun. L'élection d'un nouveau maire s'impose et on sollicite des candidatures. Des comités de soutien se constituent autour des candidats. Pour la séance suivante, où l'on élira le maire, les groupes doivent préparer une profession de foi, un discours, des affiches.

• Quatrième étape : mise en route

C'est le moment où l'on bascule dans la simulation. On existera désormais dans son identité simulée, les interactions ne seront plus décidées par l'enseignant mais découleront les unes des autres.

Dans le Village, la mise en route se fait lors de l'élection qui commence par la présentation des candidats, suivie des discours et d'une réunion contradictoire dont le temps est limité, puis d'un vote. L'enseignant, s'il dispose d'une vidéo, peut filmer ou demander aux étudiants de filmer. La vidéo joue alors le rôle de la télévision locale. C'est à partir du visionnage de l'enregistrement que se fait l'enrichissement linguistique. S'il ne dispose pas de vidéo, l'enseignant notera au fur et à mesure les erreurs récurrentes à partir desquelles il pourra conduire le travail correctif.

On établit un ordre du jour pour la séance suivante le conseil municipal pour laquelle les participants devront rédiger seul ou en groupe des lettres signées ou anonymes adressées à la mairie.

• *L'improvisation récurrente*

L'objectif de l'improvisation récurrente **(dans le Village le conseil municipal)** est de solliciter le réemploi des contenus introduits et manipulés lors des activités écrites et orales précédentes.

L'ordre du jour du conseil établi à la séance précédente comporte impérativement une rubrique « correspondance » dans laquelle on examinera les courriers reçus à la mairie.

L'ordre du jour et les lettres, corrigées au préalable par l'enseignant, sont distribués à tous les participants qui doivent en prendre connaissance au début de la séance pour en discuter. Si certains éléments ne sont pas compris de tous, c'est aux participants eux-mêmes d'apporter explications et réponses. La séance est ouverte et conduite par le maire ; on discute point par point et l'on conclut par une prise de décision. Les points doivent être traités en un temps limité, l'enseignant se tient à l'écart et n'intervient sous aucun prétexte, la responsabilité de la bonne marche de l'improvisation revient aux seuls apprenants.

Par la suite, les improvisations découleront de ce qui émergera de ces premières séances ; l'écrit peut soit susciter une improvisation, soit en résulter (par exemple le compte rendu de la séance du conseil municipal).

On pourra décider de jouer tout type d'improvisations :
– un microtrottoir pour connaître l'avis de la population sur tel ou tel sujet ;
– des rencontres entre deux ou plusieurs rôles : entretien d'embauche, règlement de litiges familiaux, professionnels ou de voisinage, recherche d'un local ou d'un appartement, interviews, demande en mariage, anniversaire, départs à la retraite, inauguration ;
– l'organisation d'une kermesse, de la quinzaine commerciale, d'un téléthon.

Grille générale de description des niveaux proposée par le Conseil de l'Europe

Utilisateur experimenté	C2	Peut comprendre sans effort pratiquement tout ce qu'il/elle lit ou entend. Peut restituer faits et arguments de diverses sources écrites et orales en les résumant de façon cohérente. Peut s'exprimer spontanément, très couramment et de façon différenciée et peut rendre distinctes de fines nuances de sens en rapport avec des sujets complexes.
Utilisateur experimenté	C1	Peut comprendre une grande gamme de textes longs et exigeants, ainsi que saisir des significations implicites. Peut s'exprimer spontanément et couramment sans trop apparemment devoir chercher ses mots. Peut utiliser la langue de façon efficace et souple dans sa vie sociale, professionnelle ou académique. Peut s'exprimer sur des sujets complexes de façon claire et bien structurée, décrire ou rapporter quelque chose et manifester son contrôle des outils d'organisation, d'articulation et de cohésion du discours.
Utilisateur indépendant	B2	Peut comprendre le contenu essentiel de sujets concrets ou abstraits dans un texte complexe ; comprend une discussion spécialisée dans son domaine professionnel. Peut communiquer avec un degré de spontanéité et d'aisance tel qu'une conversation avec un locuteur natif ne comporte de tension ni pour l'un ni pour l'autre. Peut s'exprimer de façon claire et détaillée sur une grande gamme de sujets, émettre un avis sur un problème et donner les avantages et les inconvénients de différentes possibilités.
Utilisateur indépendant	B1	Peut comprendre les points essentiels quand un langage clair et standard est utilisé et s'il s'agit de choses familières dans le travail, à l'école, dans les loisirs, etc. Peut se débrouiller dans la plupart des situations linguistiques rencontrées en voyage dans le pays de la langue cible. Peut produire un discours simple et cohérent sur des sujets familiers et dans ses domaines d'intérêt. Peut raconter un événement, une expérience ou un rêve, décrire un espoir ou un but et donner de brèves raisons ou explications pour un projet ou une idée.
Utilisateur élémentaire	A2	Peut comprendre des phrases isolées et des expressions fréquemment utilisées en relation avec des domaines immédiats de priorité (par exemple, des informations personnelles sur des achats, le travail, l'environnement familier). Peut communiquer dans une situation courante simple ne comportant qu'un échange d'informations simple et direct, et sur des activités et des sujets familiers. Peut décrire avec des moyens simples une personne, un lieu, un objet, sa propre formation, son environnement et évoquer une question qui le/la concerne.
Utilisateur élémentaire	A1	Peut comprendre et utiliser des expressions familières et quotidiennes et des phrases très simples qui visent à satisfaire des besoins simples et concrets. Peut se présenter ou présenter quelqu'un et poser à une personne des questions la concernant – par exemple son nom, son lieu d'habitation, ses relations, ses biens, etc. – et peut répondre au même type de questions. Peut communiquer de façon simple si l'interlocuteur parle lentement et distinctement et se montre coopératif.

Extrait de *Un cadre européen commun de référence*, Strasbourg, 1996.

BIBLIOGRAPHIE

• J.-L. Atienza, *L'approche communicative : un appel à la résistance*, ELA, Didier Érudition, volume 100, 1995.

• J. Courtillon, « L'unité didactique », *Le Français dans le monde*, janvier 1995.

• J. Courtillon, « La grammaire sémantique dans l'approche communicative », *Le Français dans le monde*, février-mars 1989.

• P. Cyr, *Les stratégies d'apprentissage*, Clé international, 1998.

• M.-J. De Man-De Vriendt, *Parcours et procédures de construction du sens*, De Boeck université, 2000.

• G.-D. De Salins, *Grammaire pour l'enseignement / apprentissage du FLE*, Didier-Hatier, 1996.

• C. Kramsch, *Interaction et discours dans la classe de langue*, collection LAL, Didier-Hatier, 1984.

• E. Orsenna, *La Grammaire est une chanson douce*, Stock, 2001.

• H. Trocmé, *J'apprends, donc je suis*, Les Éditions d'Organisation, 1987.

Achevé d'imprimer en France
par Dupli-Print à Domont (95)
www.dupli-print.fr
N° d'impression : 2014060610

Dépôt légal : juillet 2014
Collection n° 21 – Édition n° 11
15/5214/0